www.ingramcontent.com/pod-product-compliance
Lightning Source LLC
LaVergne TN
LVHW050804051026
849532LV00008B/2957
* 9 7 8 9 3 6 9 0 8 1 3 6 3 *

# چھیڑ چھاڑ

(مزاحیہ مضامین)

مرتبہ:

سید حیدر آبادی

**ChheD ChhaaD** *(Humorous Essays)*
by: Syed Hyderabadi
Edition: July '2025
Publisher :
*Taemeer Publications LLC* (Michigan, USA / Hyderabad, India)

ISBN 978-93-6908-136-3



| | | |
|---|---|---|
| کتاب | : | **چھیڑ چھاڑ** (مزاحیہ مضامین) |
| مرتب | : | **سید حیدرآبادی** |
| صنف | : | طنز و مزاح |
| ناشر | : | تعمیر پبلی کیشنز (حیدرآباد، انڈیا) |
| سالِ اشاعت | : | ۲۰۲۵ء |
| صفحات | : | ۷۰ |
| سرورق ڈیزائن | : | تعمیر ویب ڈیزائن |

# فہرست

# زنانہ اردو خط و کتابت: امّی جان کے نام

## شفیق الرحمٰن

مری پیاری امی، مری جان امی!

بعد ادائے ادب کے عرض یہ ہے کہ یہاں ہر طرح سے خیریت ہے اور خیر و عافیت آپ کی خداوند کریم سے نیک مطلوب ہے۔ صورت احوال یہ ہے کہ یہاں سب خیریت سے ہیں۔ والا نامہ آپ کا صادر ہوا۔ دل کو ازحد خوشی ہوئی۔ چچا جان کے خسر صاحب کے انتقالِ پُر ملال کی خبر سن کر دل کو ازحد قلق ہوا۔ جب سے یہ خبر سنی ہے چچی جان دھاروں رو رہی ہیں۔ خیلفہ جی یہ سناؤنی لے کر پہنچے تو کسی سے اتنا نہ ہوا کہ ان کی دعوت ہی کر دیتا۔ میں نے سوچا کہ اگر ذرا سی الکسی ہو گئی تو خاندان بھر میں تھڑی تھڑی ہو جائے گی۔ فوراً خادمہ کو لے کر باورچی خانے پہنچی۔ اس نے جھپاک جھپاک آٹا گوندھا لیکن سالن قدرے تیز آنچ پر پک گئے، چنانچہ پھل پھلواری سے خلیفہ جی کی تواضع کی۔ بہت خوش ہوا۔ تائی صاحبہ نے خوان بھجوا کر حاتم کو شرمندہ کرنے کی کوشش کی۔ دوسرے روز ناشتے پر بھی بلوایا۔ اوچھے کے ہوئے تیتر باہر باندھوں کت بھیتر۔ تائی صاحبہ بھی ہمیشہ اسی طرح کرتی رہتی ہیں، رنگ میں بھنگ ڈال دیتی ہیں۔

الفت بیا آئی تھیں۔ تائی صاحبہ کا فرمانا ہے کہ یہ بچپن سے بہری ہیں۔ بہری وہری کچھ نہیں۔ وہ فقط سنتی نہیں ہیں۔ کیا مجال جو آگے سے کوئی ایک لفظ بول جائے۔

گو دل نہیں چاہ رہا تھا لیکن آپ کے ارشاد کے مطابق ہم سب ممانی جان سے ملنے گئے۔ وہاں پہنچے تو سارا کنبہ کہیں گیا ہوا تھا، چنانچہ چڑیا گھر دیکھنے چلے گئے۔ ایک نیا جانور آیا ہے، زیبرا کہلاتا ہے۔ بالکل گدھے کا سپورٹس ماڈل معلوم ہوتا ہے۔ اچھا ہی ہوا کہ دیکھ لیا ورنہ ممانی جان کی طعن آمیز گفتگو سننی پڑتی۔

پڑھائی زوروں سے ہو رہی ہے۔ پچھلے ہفتے ہمارے کالج میں مس سید آئی تھیں جنہیں ولایت سے کئی ڈگریاں ملی ہیں۔ بڑی قابل عورت ہیں۔ انہوں نے " مشرقی عورت اور پردہ" پر لیکچر دیا۔ ہال میں تل دھرنے کو جگہ نہ تھی مس سید نے شنائل کا ہلکا گلابی جوڑا پہن رکھا تھا۔ قمیض پر کلیوں کے سادہ نقش اچھے لگ رہے تھے۔ گلے میں گہرا سرخ پھول نہایت خوبصورتی سے ٹانکا گیا تھا۔ شیفون کے آبی دوپٹے کا کام مجھے بڑا پسند آیا۔ بیضوی بوٹے جوڑوں میں کاڑھے ہوئے تھے۔ ہر دوسری قطار کلیوں کی تھی۔ ہر چوتھی قطار میں دو پھول کے بعد ایک کلی کم ہو جاتی تھی۔ دوپٹے کا پلو سادہ تھا لیکن بھلا معلوم ہو رہا تھا۔ مس سید نے بھاری سینڈل کی جگہ لفٹی پہن رکھی تھی۔ کانوں میں ایک ایک نگ کے ہلکے پھلکے آویزے تھے۔ تراشیدہ بال بڑی استادی سے پرم کئے ہوئے تھے۔ جب آئیں تو کوٹی کی خوشبو سے سب کچھ معطر ہو گیا۔ لیکن مجھے ان کی شکل پسند نہیں آئی۔ ایک آنکھ دوسری سے کچھ چھوٹی ہے۔ مسکراتی ہیں تو دانت برے معلوم ہوتے ہیں۔ ویسے بھی عمر رسیدہ ہیں۔ ہوں گی ہم لڑکیوں سے کم از کم پانچ سال بڑی۔ ان کا لیکچر نہایت مقبول ہوا۔

آپ یہ سن کر پھولی نہ سمائیں گی کہ آپ کی پیاری بیٹی امورِ خانہ داری پر کتاب لکھ رہی ہوں۔ مجھے بڑا غصہ آتا تھا جب لوگوں کو یہ کہتے سنتی تھی کہ پڑھی لکھی لڑکیاں گھر کا کام کاج نہیں کر سکتیں چنانچہ میں نے آزمودہ ترکیبیں لکھی ہیں۔ جو ملک کے مشہور زنانہ

رسالوں میں چھپیں گی۔ نمونے کے طور پر چند ترکیبیں نقل کرتی ہوں۔

**لذیذ آرنج سکواش تیار کرنا**

آرنج سکواش کی بوتل لو۔ یہ دیکھ لو کہ بوتل آرنج سکواش ہی کی ہے کسی اور چیز کی تو نہیں، ورنہ نتائج خاطر خواہ بر آمد نہ ہوں گے۔ دوسری ضروری بات یہ ہے کہ مہمانوں اور گلاسوں کی تعداد ایک ہونی چاہئے۔ گلاسوں کو پہلے صابن سے دھلوا لینا اشد ضروری ہے۔ بعد ازیں سکواش کو بڑی حفاظت سے گلاس میں انڈیلو اور پانی کی موزوں مقدار کا اضافہ کرو۔ مرکب کو چمچے سے تقریباً نصف منٹ ہلائیں۔ نہایت روح افزا آرنج سکواش تیار ہو گا۔

موسم کے مطابق برف بھی استعمال کیا جا سکتا ہے (لیکن برف کو صابن سے دھلوا لینا نہایت ضروری ہے)

**مزیدار فروٹ سلاد تیار کرنا**

مہمانوں کے یک لخت آجانے پر ایک ملازم کو جلدی سے بازار بھیج کر کچھ بالائی اور ایک ٹین پھلوں کا منگاؤ۔ اس کے آنے سے قبل ایک بڑی قاب کو صابن سے دھلوا لینا چاہئے۔ بعض اوقات فروٹ سلاد میں اور طرح کی خوشبو آنے لگتی ہے۔ اب ٹین کھولنے کا اوزار لے کر ٹین کا ڈھکنا کھولنا شروع کرو اور خیال رکھو کہ کہیں انگلی نہ کٹنے پائے۔ بہتر ہو گا کہ ٹین اور اوزار نوکر کو دے دو۔ اب پھلوں کو ڈبے سے نکال کر حفاظت سے قاب میں ڈالو اور بالائی کی ہلکی ہلکی تہہ جما لو۔ نہایت مزیدار اور مفرح فروٹ سلاد تیار ہے۔ نوش جان کیجئے۔

**میز پوش سینا**

جس میز کے لئے پوش درکار ہوں، اس کا ناپ لو۔ بہتر ہو گا کہ کپڑے کو میز پر پھیلا

کر لمبائی چوڑائی کے مطابق وہیں قینچی سے قطع کر لیا جائے۔ اب ہاتھ یا پاؤں سے چلنے والی سلائی کی مشین منگاؤ۔ سوئی میں دھاگہ پرو کر میز پوش کے ایک کونے سے سلائی شروع کرو اور سیتی چلی جاؤ حتیٰ کہ وہی کونا آجائے جہاں سے بخیہ شروع کیا تھا۔ اب میز پوش کو استعمال کیلئے تیار سمجھو۔ اگر سیتے وقت سارے کپڑے کے دو چکر لگ جائیں تو دگنا پائیدار میز پوش تیار ہو گا۔ ضرورت کے مطابق بعد میں کسی سے بیل بوٹے کڑھوائے جا سکتے ہیں۔

### کپڑے ڈرائی کلین کرنا

مناسب کپڑے چن کر ایک سمجھدار ملازم کے ہاتھ ڈرائی کلین کی دکان پر بھجوادو۔ بھیجنے سے پہلے بہتر ہو گا کہ صرف وہی کپڑے بھیجو جنہیں بعد میں پہچان سکو۔ یہ معلوم کرنے کیلئے کہ کپڑے واقعی ڈرائی کلین کئے گئے ہیں ایک بڑی آزمودہ ترکیب ہے۔ کپڑوں کو سونگھ کر دیکھو، اگر پٹرول کی بو آرہی ہو تو سمجھ لو ٹھیک ہے۔ اب کپڑے ڈرائی کلین ہو چکے ہیں اور انہیں فوراً استعمال میں لایا جا سکتا ہے۔

سچ بتانا اچھی امی جان! آپ کو یہ ترکیبیں پسند آئیں؟ ایسے اور بہت سے نسخے بھی میرے پاس محفوظ ہیں جنہیں اگلے خط میں بھیجوں گی۔

میں علی الصبح اٹھتی ہوں۔ آپ کا ارسال شدہ ٹائم پیس اتنے زور سے بجتا ہے کہ رات کو اسے رضائی میں لپیٹ کر ایک کونے میں رکھنا پڑتا ہے۔ عید پر جو خالہ جان نے موٹاپے کا طعنہ دیا تھا، اس کے لئے بڑی کوشش کر رہی ہوں۔ فالتو چیزوں کا استعمال آہستہ آہستہ بند کر رہی ہوں۔ نشاستے سے پرہیز کرتی ہوں۔ کپڑوں تک میں سٹارچ نہیں لگنے دیتی۔

ایک خوشخبری دینا تو بھول ہی گئی آپ کی پیاری بیٹی اس سال فارسی میں کالج میں

دوم آئی ہے۔ یہ سب آپ کی دعاؤں کا نتیجہ ہے ورنہ لونڈی کس لائق ہے۔ یہ آپ سے کس نے کہا کہ میں کلاس میں دیر سے پہنچتی تھی۔ پہلا گھنٹہ فارسی کا ہوتا تھا اور فارسی میں صرف دو لڑکیاں تھیں نجمہ اور میں۔ شاید یہ اطلاع میری سہیلیوں میں سے نہیں بلکہ رشتہ داروں میں سے کسی نے پہنچائی ہے۔

اب خط ختم کرتی ہوں۔ میری طرف سے بزرگوں کی خدمت میں آداب۔ بچوں کو بہت بہت پیار۔ ہم عمروں کو سلام علیک۔

دیکھئے وہ کون سا مبارک دن ہوتا ہے کہ میں اپنی امی کو جھک کر آداب کروں اور امی جان مجھے کلیجے سے لگالیں اور سدا لگائے رکھیں۔ آمین، ثم آمین۔ فقط

ناچیز

آپ کی بیٹی

***

# زنانہ اردو خط و کتابت: شوہر کو

## شفیق الرحمٰن

سرتاج من سلامت!

کورنش بجالا کر عرض کرتی ہوں کہ منی آرڈر ملا۔ یہ پڑھ کر کہ طبیعت اچھی نہیں ہے از حد تشویش ہے۔ لکھنے کی بات تو نہیں مگر مجھے بھی تقریباً دو ماہ سے ہر رات بے خوابی ہوتی ہے۔ آپ کے متعلق برے برے خواب نظر آتے ہیں۔ خدا خیر کرے۔ صبح کو صدقے کی قربانی دے دی جاتی ہے اس پر کافی خرچہ ہو رہا ہے۔

آپ نے پوچھا ہے کہ میں رات کو کیا کھاتی ہوں۔ بھلا اس کا تعلق خوابوں سے کیا ہو سکتا ہے۔ وہی معمولی کھانا البتہ سوتے وقت ایک سیر گاڑھا دودھ، کچھ خشک میوہ جات اور آپ کا ارسال کردہ سوہن حلوہ۔ حلوہ اگر زیادہ دیر رکھا رہا تو خراب ہو جائے گا۔

سب سے پہلے آپ کے بتائے ہوئے ضروری کام کے متعلق لکھ دوں کہ کہیں باتوں میں یاد نہ رہے۔ آپ نے تاکید فرمائی ہے کہ میں فوراً بیگم فرید سے مل کر مکان کی خرید کے سلسلے میں ان کا آخری جواب آپ کو لکھ دوں۔ کل ان سے ملی تھی۔ شام کو تیار ہوئی تو ڈرائیور غائب تھا۔ یہ غفور دن بدن سست ہوتا جا رہا ہے۔ عمر کے ساتھ ساتھ اس کی بینائی بھی کمزور ہونے لگی ہے۔ اس مرتبہ آتے وقت اس کیلئے ایک اچھی سے عینک لیتے آئیں۔ گھنٹوں بعد آیا تو بہانے تراشنے لگا کہ تین دن سے کار مرمت کے لئے گئی ہوئی ہے۔

چاروں ٹائر بیکار ہو چکے ہیں۔ ٹیوب پہلے سے چھلنی ہیں۔ یہ کار بھی جواب دیتی جارہی ہے۔ آپ کے آنے پر نئی کار لیں گے۔ اگر آپ کو ضرورت ہو تو اس کار کو منگا لیں۔ خیر تانگہ منگایا۔ راستے میں ایک جلوس ملا۔ بڑا غُل غپاڑہ مچا ہوا تھا، ایک گھنٹے ٹریفک بند رہا۔ معلوم ہوا کہ خان بہادر رحیم خان کے صاحبزادے کی برات جارہی ہے۔ برات نہایت شاندار تھی۔ تین آدمی اور دو گھوڑے زخمی ہوئے۔

راستے میں زینت بوا مل گئیں۔ یہ ہماری دور کی رشتہ دار ہوتی ہیں۔ احمد چچا کے سسرال میں جو ٹھیکیدار ہیں نا ان کی سوتیلی ماں کی سگی بھانجی ہیں۔ آپ ہمیشہ زینت بوا اور رحمت بوا کو ملا دیتے ہیں۔

رحمت بوا میری ننھیال سے ہیں اور ماموں عابد کے ہم زلف کے تائے کی نواسی ہیں۔ رحمت بوا بھی ملی تھیں۔ میں نے ان سے کہا کہ کبھی قدسیہ باجی کو ساتھ لاکر ہمارے ہاں چند مہینے رہ جائیں۔ انہوں نے وعدہ کیا ہے۔ یہ وہی ہیں جو تایا نعیم کے ساتھ ہماری شادی پر آئی تھیں۔ تایا نعیم کی ساس ان کی دادی کی منہ بولی بہن تھیں۔ بلکہ ایک دوسرے سے دوپٹے بدل چکی تھیں۔ یہ سب اس لئے لکھ رہی ہوں کہ آپ کو اپنے عزیز و اقارب یاد نہیں رہتے۔ کیا عرض کروں آج کل زمانہ ایسا آگیا ہے کہ رشتہ دار کی خبر نہیں۔ میں نے زیب بوا کو گھر آنے کیلئے کہا، تو وہ اسی شام آگئیں۔ میں نے بڑی خاطر کی۔ خواہش ظاہر کرنے پر آپ کے ارسال شدہ روپوں میں سے دو سو انہیں ادھار دیئے۔

ہاں تو میں بیگم فرید کے ہاں پہنچی۔ بڑے تپاک سے ملیں۔ بہت بدل چکی ہیں۔ جوانی میں مسز فرید کہلاتی تھیں، اب تو بالکل ہی رہ گئی ہیں۔ ایک تو بے چاری پہلے ہی اکہرے بدن کی ہیں، اس پر اس طرح طرح کی فکر۔ گھٹنوں پر ہاتھ رکھ کر اٹھتی ہیں۔ کہنے لگیں اگلے ہفتے برخوردار نعیم کا عقیقہ ہے اور اس سے اگلی جمعرات کو نورِ چشمی بتول سلمہا کی

رخصت ہو گی، ضرور آنا۔

میں نے ہامی بھر لی اور مکان کے متعلق ان سے آخری جواب مانگا۔ پہلے کی طرح چٹاخ پٹاخ باتیں نہیں کرتیں۔ آواز میں بھی وہ کرارا پن نہیں رہا۔ انہیں تو یہ بتول لے کر بیٹھ گئی۔ عمر کا بھی تقاضا ہے۔ سوچ رہی ہوں جاؤں یا نہ جاؤں۔ دو ڈھائی سو خرچ ہو جائیں گے۔ نیا جوڑا سلوانا ہو گا۔ ویسے تو سردیوں کے لئے سارے کپڑے نئے بنوانے پڑیں گے۔ پچھلے سال کے کپڑے اتنے تنگ ہو چکے ہیں کہ بالکل نہیں آتے۔ آپ بار بار سیر اور ورزش کو کہتے ہیں بھلا اس عمر میں مستانوں کی طرح سیر کرتی ہوئی اچھی لگوں گی۔ ورزش سے مجھے نفرت ہے۔ خوامخواہ جسم کو تھکانا اور پھر پسینہ الگ۔ نہ آج تک کی ہے نہ خدا کرائے۔ کبھی کبھی کار میں زنانہ کلب چلی جاتی ہوں، وہاں ہم سب بیٹھ کر نٹنگ کرتی ہیں۔ واپس آتے آتے اس قدر تکان ہو جاتی ہے کہ بس۔

آپ ہنسا کرتے ہیں کہ نٹنگ کرتے وقت عورتیں باتیں کیوں کرتی ہیں۔ اس لئے کہ کسی دھیان میں لگی رہیں۔

آپ نے جگہ جگہ شاعری کی ہے اور الٹی سیدھی باتیں لکھی ہیں۔ ذرا سوچ تو لیا ہوتا کہ بچوں والے گھر میں خط جا رہا ہے۔ اب ہمارے وہ دن نہیں رہے کہ عشق وشق کی باتیں ایک دوسرے کو لکھیں۔ شادی کو پورے سات برس گزر چکے ہیں، خدارا ایسی باتیں آئندہ مت لکھئے۔ توبہ توبہ اگر کوئی پڑھ لے تو کیا کہے۔

ان دنوں میں فرسٹ ایڈ سیکھنے نہیں جاتی۔ ٹریننگ کے بعد کلاس کا امتحان ہوا تھا، آپ سن کر خوش ہوں گے کہ میں پاس ہو گئی۔

پچھلے ہفتے ایک عجیب واقعہ ہوا۔ بنو کے لڑکے کو بخار چڑھا۔ یوں تپ رہا تھا کہ چنے رکھو اور بھون لو۔ میں نے تھرمامیٹر لگایا تو نارمل سے بھی نیچے چلا گیا۔ پتہ نہیں کیا وجہ

تھی۔ پھر گھڑی لے کر نبض گننے لگی۔ دفعتاً یوں محسوس ہوا جیسے لڑکے کا دل ٹھہر گیا ہو کیونکہ نبض رک گئی تھی۔ بعد میں پتہ چلا کہ دراصل گھڑی بند ہو گئی تھی۔ یہ فرسٹ ایڈ بھی یونہی ہے۔ خوامخواہ وقت ضائع کیا۔

ڈاکٹر میری سٹوپس کی کتاب ارسال ہے۔ اگر دکاندار واپس لے لے تو لوٹا دیجئے۔ یہ باتیں بھلا ہم مشرق کے رہنے والوں کے لئے تھوڑی ہیں۔ اس کی جگہ بہشتی زیور کی ساری جلدیں بھجوا دیجئے۔ ایک کتاب گھر کا حکیم کی بڑی تعریف سنی ہے۔ یہ بھی بھیج دیجئے۔

چند نئی فلمیں دیکھیں، کافی پسند آئیں۔ ہیرو کا انتخاب بہت موزوں تھا۔ موٹا تازہ، لمبے لمبے بال، کھوئی کھوئی نگاہیں، کھلے گلے کا کرتہ، گانے کا شوق، کسی کام کی بھی جلدی نہیں، فرصت ہی فرصت۔ آپ بہت یاد آئے۔ شادی سے پہلے میں آپ کو اسی روپ میں دیکھا کرتی تھی۔ کاش کہ آپ کے بھی لمبے لمبے بال ہوتے، ہر وقت کھوئی ہوئی نگاہوں سے خلا میں تکتے رہتے، کھلے گلے کا کرتہ پہن کر گلشن میں گانے گایا کرتے۔ نہ یہ کم بخت دفتر کا کام ہوتا اور نہ ہر وقت کی مصروفیت لیکن خواب کہاں پورے ہوئے ہیں۔

ان فلموں میں ایک بات کھٹکتی ہے، ان میں عورتوں کی قوالی نہیں ہے۔ یہ فلم بناتے وقت نہ جانے ایسی اہم بات کو کیوں نظر انداز کر دیتے ہیں۔ دوسرے یہ کہ گیت بے حد معمولی ہیں۔ مثلاً ایک گانا بھی ایسا نہیں ہے جس میں راجہ جی، مورے راجہ یا ہو راجہ، آتا ہو۔ یہ سادہ الفاظ گیت میں جان ڈال دیتے ہیں۔

ایک بہت ضروری بات آپ سے پوچھنا تھی۔ زینت بوا نے شبہ میں ڈال دیا ہے کہ آپ کے لفافوں پر پتہ زنانہ تحریر میں لکھا ہوا ہوتا ہے۔ ممکن ہے کہ آپ کے دفتر میں کوئی سیکرٹری یا سٹینو وغیرہ آگئی ہو اور آپ مصروفیت کی بنا پر اس سے پتہ لکھواتے ہوں۔

یہ لڑکی کس عمر کی ہے؟ شکل و صورت کیسی ہے؟ غالباً کنواری ہو گی؟ اس کے متعلق مفصل طور پر لکھئے۔ اگر ہو سکے تو اس کی تصویر بھی بھجیئے۔

باقی سب خیریت ہے اور کیا لکھوں۔ بس بچے ہر وقت آپ کو یاد کرتے رہتے ہیں۔ اصغر پوچھتا ہے کہ ابا میری سائیکل کب بھیجیں گے۔ آپ نے آنے کے متعلق کچھ نہیں لکھا۔ اب تو ننھی کی بسم اللہ بھی قریب آ چکی ہے۔ میری مانیے تو واپس یہیں تبادلہ کرا لیجئے۔ بھاڑ میں جائے یہ ترقی اور ایسا مستقبل۔ تھوڑی سی اور ترقی دے کر محکمے والے کہیں آپ کو اور دور نہ بھیج دیں۔

آپ بہت یاد آتے ہیں۔ ننھے کی جرابیں پھٹ چکی ہیں۔ ننھی کے پاس ایک بھی نیا فراک نہیں رہا۔ برا ہو پردیس کا۔ صورت دیکھنے کو ترس گئے ہیں۔ امی جان کی اونی چادر اور کمبلوں کا انتظار ہے۔

ہر وقت آپ انتظار رہتا ہے۔ آنکھیں دروازے پر لگی رہتی ہیں۔ صحن کا فرش جگہ جگہ سے اکھڑ رہا ہے۔ مالی کام نہیں کرتا۔ اس کی لڑکی اپنے خاوند کے ساتھ بھاگ گئی ہے۔

آتے وقت چند چیزیں ساتھ لائیں۔ بچوں کے جوتے اور گرم کوٹ، ننھے کی جرابیں اور کنٹوپ، ننھی کی فراک، دو چمڑے کے صندوق، زینب بوا کے لئے اچھا سا تحفہ، بلی کے گلے میں باندھنے کیلئے ربن اور کتے کا خوبصورت سا کالر، کچھ سوہن حلوہ اور ننھی کا سویٹر۔ ننھی کے کان میں پھنسی تھی چچا جان سول سرجن کو بلانے کو کہتے تھے، میں نے منع کر دیا کیونکہ کل تعویز آ جائے گا۔

یہاں کی تازہ خبریں یہ ہیں کہ پھوپھی جان کی بھینس اللہ کو پیاری ہوئی۔ سب کو بڑا افسوس ہوا۔ اچھی بھلی تھی۔ دیکھتے دیکھتے ہی دم توڑ دیا۔ میں پرسہ دینے گئی تھی۔ تایا

عظیم کا لڑکا کہیں بھاگ گیا ہے۔ احمد چچا کا جس بینک میں حساب تھا وہ بینک فیل ہو گیا ہے اور ہاں پھوپھا جان کی ساس جو اکثر بہکی بہکی باتیں کیا کرتی تھیں اب وہ بالکل باؤلی ہو گئی ہیں۔ بقیہ خبریں اگلے خط میں لکھوں گی۔

سرتاج کو کنیز کا آداب۔ فقط

(ایک بات بھول گئی۔ منی آرڈر پر مکان نمبر ضرور لکھا کیجئے۔ اس طرح ڈاک جلدی مل جاتی ہے۔)

***

# انجمن بیزاران سیاست

## ڈاکٹر محمد یونس بٹ

لیجیے صاحب، مردان میں انجمن بیزاران سیاست بھی بن گئی۔ اگرچہ انجمن بنانا اتنا آسان نہیں، چار عورتیں اکٹھی ہوں تب ایک "انجمن" بنتی ہے اور مردان تو شروع ہی مرد سے ہوتا ہے۔ بہر حال یہ واضح کر دیا گیا ہے کہ یہ سیاسی انجمن ہے، اگر یہ بھی بتا دیا جاتا کہ یہ غیر فلمی بھی ہے تو اور بہتر ہوتا۔ انجمن بنانے کی وجہ یہ بتائی گئی ہے کہ سیاست دان ہمیں مسلسل الو بنا رہے ہیں۔ اس بات سے تو لگتا ہے کہ یہ انجمن سیاست دانوں کے خلاف نہیں، الوؤں کے خلاف بنائی گئی ہے۔

ایک صحافی نے سیاست دان سے پوچھا "پچھلے سالوں میں آپ نے ملک میں کیا تعمیری کام کیا؟"

وہ بولا "آپ میرے "سالوں" کو بیچ میں مت لائیں اور جہاں تک تعمیری کاموں کا تعلق ہے، اپنی کوٹھی تعمیر کروا رہا ہوں۔"

لیکن اس انجمن کے بقول تو سیاست دان کوٹھیاں نہیں الو بنا رہے ہیں۔ ویسے الو بنانا آسان کام نہیں۔ ڈرائنگ کا ماسٹر مجھے ہمیشہ کہتا الو بناؤ۔ جب مجھ سے نہ بنتا تو غصے سے کہتا "کبھی الو دیکھا ہے؟"

میں شرم سے ادھر ادھر دیکھنے لگتا۔

وہ کہتا "ادھر ادھر کیا دیکھ رہے ہو، میری طرف دیکھو۔"

الو وہ پرندہ ہے جس کے بہت "پٹھے" ہوتے ہیں۔ الو کی دو اقسام میں : کم الو اور بہت ہی الو۔ ہمارے ہاں الو کو اتنا بیوقوف نہیں سمجھا جاتا جتنا بے وقوف کو الو سمجھا جاتا ہے۔ حالانکہ مغرب میں تو یہ دانش کی علامت ہے۔ گوجرانوالہ کے بلدیاتی انتخابات میں ایک امیدوار "جناب گلو صاحب" کھڑے تھے۔ مخالفت امیدوار نے اپنے جلسے میں نعرہ لگوادیا "ایک الو، سو گلو۔"

جناب گلو نے جوابی جلسے سے خطاب کرتے ہوئے کہا "اندازہ لگائیں میرے مخالفین کتنے ان پڑھ اور جاہل ہیں، انہیں یہ تک نہیں پتہ کہ الو عقل اور دانش کی علامت ہے۔ اس لئے ان بے وقوفوں نے اگر نعرہ لگانا ہی ہے تو یہ لگائیں "سو الو، ایک گلو۔"

ان دلائل میں اتنا ہی وزن ہے جتنا جارج برنارڈ شاہ کی اس تقریر میں تھا جو وہ اپنے دوست کی انتخابی مہم کے سلسلے میں کر رہے تھے۔ ڈائس موجود نہ تھا لہٰذا لکڑی کے ڈرم پر کھڑے ہو کر پُر جوش انداز میں تقریر کر رہے تھے کہ زور پڑا، ڈرم ٹوٹ گیا۔ اور برنارڈ شاہ اندر گر گئے، مگر دوسرے ہی لمحے ڈرم سے نکل کر اطمینان سے بولے "سامعین آپ نے میرے دلائل کا وزن ملاحظہ کیا۔"

الو اس وقت بولتا ہے جب سب چپ ہوتے ہیں۔ یوں جو اپنے بولنے کے لیے دوسروں کے چپ ہونے کا انتظار کرے، اسے آپ الو کہہ سکتے ہیں۔ ایک سندھ اسمبلی کے قائد حزب اختلاف، نثار کھوڑو صاحب نے کہا کہ آج کل سندھ اسمبلی میں الو بول رہے ہیں۔ یہ بات انہوں نے اسمبلی میں بلند آواز میں بولتے ہوئے کہی تھی۔

ہو سکتا ہے انجمن بیزاران سیاست کے مقابلے میں انجمن بازاران سیاست بھی بن جائے جو سیاست کے بازار میں نرخ نامے آویزاں کروائے اور "ہارس ٹریڈنگ" کی

صنعت کو فروغ دے۔ ویسے عجیب بات ہے ہر ماں تو یہ چاہتی ہے کہ اس کا بیٹا بڑا ہو کر سیاست میں آئے۔

نکیتا خروشچیف نے بڑی اچھی بات کہی ہے کہ دنیا کے تمام سیاست دان ایک جیسے ہوتے ہیں۔ یہ تو وہاں پل بنانے کا وعدہ کر دیتے ہیں، جہاں کوئی دریا نہیں ہوتا۔

کہتے ہیں ایک محفل میں روس کے صدر خروشچیف اور چین کے وزیر اعظم چو این لائی اکٹھے ہوئے۔ خروشچیف نے اپنی عظمت بیان کرنے اور چو این لائی کو نیچا دکھانے کے لیے کہا "مسٹر چو این لائی، آپ چین کے نہایت امیر طبقے سے تعلق رکھتے ہیں اور میں روس کے انتہائی غریب طبقے سے۔"

چو این لائی نے کہا "مسٹر خروشچیف، ایک بات دونوں میں مشترک ہے۔"

خروشچیف نے پوچھا "کونسی؟"

چو این لائی نے کہا "ہم دونوں نے اپنے اپنے طبقوں کو الو بنایا ہے، ہماری سیاست کا منشور ہی یہ ہے کہ غریبوں کو کہتے ہیں ہمیں ووٹ دو ہم تمہیں سرمایہ داروں سے بچائیں گے اور سرمایہ داروں کو کہتے ہیں ہمیں مال دو، ہم تمہیں غریبوں سے بچالیں گے۔"

کہتے ہیں آپ سیاست میں سچ کو داخل کرنے کی کوشش کریں گے تو سیاست ختم کر دیں گے۔ لیکن ہمارے سیاست دانوں نے اس میں سچ یوں داخل کیا ہے کہ سچ کو ختم کر دیا ہے۔

ایک شخص نے غلام مصطفی کھر کو اپنا خواب سناتے ہوئے کہا "آج خواب میں ایک محب وطن اور حق گو سیاست دان مجھ سے باتیں کر رہا تھا۔"

انہوں نے پوچھا "سچ؟ اچھا یہ بتاؤ میں نے کیا کیا باتیں کیں؟"

سیاستدان حکومت میں آنے کے لئے کچھ بھی کر سکتے ہیں، یہاں تک کہ محب وطن

بھی بن سکتے ہیں۔ میرے کئی جاننے والے گھریلو ناچاقی سے تنگ آ کر آخر سیاست میں آ گئے۔ میں بھی سیاست میں آنا چاہتا ہوں لیکن سارا وقت فارغ ہوتا ہوں کہ سیاست میں آنے کے لئے وقت ہی نہیں ملتا۔ اس لئے انجمن والوں کو میرا مشورہ ہے کہ سیاست دانوں سے صرف الیکشن لڑیں ویسے نہ لڑیں کیونکہ فیلڈ مارشل لارڈ منٹگمری نے ساری زندگی جرمنوں اور سیاست دانوں سے لڑتے گزاری اور آخری عمر میں بتایا کہ جرمنوں سے لڑنا آسان ہے۔"

***

# علاج بالمثل

## کیپٹن آصف علی

یہ مسلمہ امر ہے کہ ہر پیشے کی بنیاد "محنت" پر ہے اور محنت میں کوئی عار نہیں۔ یقین مانیں ہمیں تو گداگری بھی ایک معزز پیشہ نظر آتا ہے، اس لئے کہ گداگر کو بھی دوسرے پیشہ وروں کی طرح خاسی محنت کرنا پڑتی ہے۔ کسی کو کچھ دیئے بغیر اس کی جیب سے پیسے نکلوانا بڑا ہی دقت طلب کام ہے۔ بڑے بڑے شائی لاک قسم کے لوگوں سے بھی کچھ نہ کچھ لے مرنا انہی فنکاروں کا کام ہے۔ ہمارے ایک کنجوس دوست ہیں، ان کی جیب سے چند روپے نکلوانے کے لئے ان کی بیگم کو مسلسل تین دن اور تین راتیں لڑائی لرنا پڑتی ہے لیکن ان کی مستقل مزاجی بھی گداگر کے سامنے دھری کی دھری رہ جاتی ہے۔ ہم نے کئی بار انہیں گداگروں پر نوازش کرتے دیکھا ہے، حالانکہ اس نوازش سے ان کے والدین اور بچے تک محروم رہتے ہیں۔ حتیٰ کہ خود اپنی بیماری کی صورت میں بھی وہ پیدل چل کر خیراتی ہسپتال سے دوالے کر آتے ہیں۔

ہمارا جی بے اختیار ان صاحب کو داد دینے کو چاہتا ہے۔ جنہوں نے گداگری جیسا عظیم پیشہ ایجاد کیا۔ یہ پیشہ وقت گزرنے کے ساتھ ساتھ فن کا درجہ اختیار کرتا گیا۔ اور اب کم از کم ہمارے حالت یہ ہے کہ کسی گداگر کو دیکھ کر ہم فرط عقیدت سے سر جھکا دیتے ہیں۔ ہمیں پچھلے دنوں ایک ایسے ہی فنکار سے واسطہ پڑا۔ ہم بازار سے گزر رہے

تھے کہ اچانک کسی نے اپنا ہاتھ ہمارے کندھے پر رکھ دیا۔ گھوم کر دیکھا تو ایک لحیم و شحیم شخص، پھٹے پرانے کپڑے پہنے، حسرت و یاس کی تصویر بنا نظر آیا۔

"کیا بات ہے بھئی ؟" ہم نے ڈرتے ڈرتے پوچھا۔

اچانک اس کے چہرے کا تاثر بدل گیا۔ اب اس کی آنکھیں سرخ انگارہ بن کر ہمیں گھورنے لگیں۔

"کل سے بھوکا ہوں بابو جی۔ کچھ اللہ کے نام پر۔" وہ پاٹ دار لہجے میں بولا۔

ہم سوچنے لگے یہ گرجدار آواز ایک دن کے بھوکے شخص کی قطعاً نہیں ہو سکتی اور پھر اس کی صحت اتنی اچھی تھی کہ اگر وہ مرن برت بھی رکھ لے تو مہینوں اس کا کچھ نہیں بگڑ سکتا۔

"کل سے بھوکا ہوں، آپ کی قسم بابو جی۔"

"تو ہم کیا کریں؟ تمہاری حمایت میں بھوک ہڑتال تو کرنے سے رہے۔ اتنے ہٹے کٹے ہو۔ نوکری کیوں نہیں کرتے؟"

"دیکھئے بابو جی اور نہیں تو چائے کی ایک پیالی ہی پلا دیجئے۔"

"یہ لو ایک روپیہ اور جا کر چائے پیو۔" ہم نے اپنا کندھا اس کی آہنی گرفت سے چھڑاتے ہوئے کہا۔

شومئ قسمت سے اگلے روز پھر اسی بازار سے ہمارا گزر ہوا۔ اب پھر ہم تھے اور وہ ہمارا گداگر دوست۔

"حجور، دو روپے نکال دیں جلدی سے۔"

"کیوں؟ کوئی قرض دینا ہے تمہارا؟ اور دیکھو تمیز سے بات کرو۔" ہمیں اس کی بے تکلفی پر غصہ آ گیا۔

"بابو جی، کل آپ کے پیسوں سے جو چائے پی، اس کی وجہ سے بدن پر خشکی ہو گئی۔ اور دھندا بھی خاصا خراب رہا۔ اب دو روپے کی لسی پیوں گا تو ہوش ٹھکانے آئیں گے۔"

اگر تمہیں چائے راس نہیں آتی، تو تم نے پی ہی کیوں؟"

"آپ کے کہنے پر سرکار۔ آپ ہی نے تو کہا تھا یہ لو ایک روپیہ اور چائے پیو جا کر۔"

یہ سن کر ہم نرم پڑ گئے۔ کتنا فرمانبردار ہے یہ شخص۔ اتنی فرمانبرداری کی توقع تو ہم اپنی بیوی اور بچوں سے بھی نہیں کرتے بلکہ شاگرد لوگ بھی ہماری بات کو درخور اعتنا نہیں سمجھتے۔ ہماری زندگی میں وہ پہلا شخص تھا جس نے ہماری ہدایت پر حرف بحرف عمل کیا تھا۔ اس کی سعادت مندی پر طبیعت بے حد خوش ہوئی۔

"جلدی کریں بابو جی، آپ کا وقت بہت قیمتی ہے۔ دو روپے لسی کے لئے۔"

ہم نے فوراً دو روپے نکال کر اس کے ہاتھ میں تھما دیے اور وہ شکریہ ادا کرنے کی ضرورت محسوس کئے بغیر چل دیا۔

تین چار دن خیریت سے گزر گئے۔ ایک دن ہم بازار سے سودا سلف خرید کر واپس گھر جا رہے تھے کہ کان میں آواز پڑی۔

"بابو جی"

ہم نے سنتے ہی پہلے "ہالٹ" کہا، پھر "اباؤٹ ٹرن" کیا۔ سامنے دیکھا تو روح فنا ہو گئی۔ جلدی سے پھر "اباؤٹ ٹرن" کیا اور "کوئیک مارچ" کرنے کے ارادے سے قدم اٹھایا، لیکن وہ کم بخت بھی کوئی چھوٹا فنکار نہ تھا، فوراً ہی سامنے آکر اپنی زیادت سے نوازنے لگا۔

جی ہاں۔ یہ وہی ہمارا دوست گداگر تھا۔

"واہ بابو جی، کہاں چلے گئے تھے آپ؟ تین دن سے ڈھونڈ رہا ہوں۔

"اخبار میں تلاش گمشدہ کا اشتہار دے دیا ہوتا۔"

ہم نے جل بھن کر کہا۔ "اب کیا تکلیف ہے تمہیں؟ لسی پینے سے گردے خراب ہوئے ہوں گے۔"

"لسی کھٹی تھی بابو جی۔ پیتے ہی گلا پکڑا گیا۔ ٹھیک طرح سے آواز بھی نہیں نکل رہی۔ سینکڑوں کا نقصان ہو گیا بابو جی، سینکڑوں کا۔"

"لسی پینے کا مشورہ ہم نے تو نہیں دیا تھا۔"

"لیکن چائے پینے کا مشورہ تو آپ ہی نے دیا تھا۔ ساری خرابی تو چائے سے شروع ہوئی۔"

"تو پھر کیا چاہتے ہو اب؟"

"زیادہ نہیں جحور، بس ڈاکٹر کی فیس کے پیسے دے دیں۔ دس روپے کافی ہوں گے۔"

"دس روپے؟ دیکھ بھائی، ہم تیرے مستقل گاہک ہیں۔ کچھ تو رعایت کر۔"

"یہ دس روپے بھی صرف آپ سے لے رہا ہوں۔ کوئی اور ہوتا تو بیس سے کم میں کبھی راضی نہ ہوتا۔"

"ٹھیک ہے۔" ہم نے سوچا۔ "اکٹھے دس روپے چھوڑ رہا ہے ہمیں۔ یہ بھی اس کی مہربانی ہے۔"

چنانچہ ہم نے دس کا نوٹ اس کے حوالے کر کے اس کا شکریہ ادا کیا اور گھر کی راہ لی۔

شام کو ایک دوست ملنے ائے۔ ہم نے تفصیل سے انہیں اپنی مشکل بتائی اور کہا کہ اب تو مجھے بازار جاتے ہوئے بھی ڈر لگتا ہے۔

"یہ مصیبت علاج بالمثل یعنی ہومیو پیتھک طریق علاج سے ٹل سکتی ہے۔"

"کیا مطلب؟" ہم نے حیران ہو کر اپنے دوست کی طرف دیکھا جو ہومیو پیتھک ڈاکٹر بھی تھے۔

جواب میں انہوں نے ہمیں تفصیل سے مکمل نسخہ اور ترکیب استعمال وغیرہ سے آگاہ کیا۔ ہم نے خوش ہو کر ان کا شکریہ ادا کیا۔

اگلے روز ہم صبح ہوتے ہی بازار نکل گئے اور اپنے گداگر دوست کر تلاش کرنے لگے۔ ڈیرھ دو گھنٹوں کی تلاش کے بعد ہو ہمیں نظر آگیا اور ہمیں دیکھتے ہی ہماری طرف بڑھا۔ ہم اسے دیکھ کر اس کی طرف بھاگے۔

"سلام بابو جی!"

"وعلیکم السلام۔ اچھا ہوا تم مل گئے۔" ہم نے گھبرائے ہوئے لہجے میں کہنا شروع کیا۔ "بات یہ ہے کہ مجھے اس وقت تیس روپے کی سخت ضرورت ہے۔ کل واپس کر دوں گا۔"

"لیکن بابو جی، یہ آپ کیا۔۔۔۔"

"لیکن ویکن کی گنجائش نہیں۔ جلدی کرو گداگر بھائی۔ میں سخت مشکل میں ہوں۔ تیس روپے نکالو۔ جلدی۔۔۔۔ سوچ کیا رہے ہو؟ جلدی کرو۔"

"میرے پاس۔۔۔۔"

"بہت پیسے ہیں تمہارے پاس۔ تم تو سب سے مانگ لیتے ہو۔ میرا تو یہاں سوائے تمہارے واقف بھی کوئی نہیں۔ خدا کے لیے دیر نہ کرو۔ تیس روپے نہ ملے تو میں تباہ ہو جاؤں گا، برباد ہو جاؤں گا۔ دیکھو پرانی دوستی کا واسطہ دیتا ہوں۔" ہم نے گڑگڑاتے ہوئے کہا۔

یہ سن کر اس نے ہم پر تحقیر آمیز نظر ڈالی اور لمبے لمبے ڈگ بھرتا ہوا غائب ہو گیا۔
علاج بالمثل کا نسخہ کامیاب ہو چکا تھا۔

***

# جینوئن بے غیرت!!!

## یاسر پیرزادہ

"معاف کیجئے گا، کیا میں آپ کے چند منٹ لے سکتا ہوں؟" میں نے مُڑ کر اُس اجنبی کی طرف دیکھا جس نے یہ بات کی تھی۔ پچاس پچپن سال کی عمر، گندمی رنگ، سفید بال اور سرو قد کا حامل یہ خوش پوش آدمی گہرے نیلے رنگ کے سوٹ میں ملبوس خاصا معقول نظر آرہا تھا۔ میں نے اس کی بات سن کر اثبات میں سر ہلایا اور سوالیہ نگاہوں سے اس کی طرف دیکھنے لگا۔ "شکریہ! لیکن شائد آپ نے مجھے پہچانا نہیں؟" اُس شخص کے لہجے میں ہلکی سی مایوسی تھی۔ "مجھے افسوس ہے کہ میں واقعی آپ کو نہیں پہچان پایا تاہم اگر آپ اپنا تعارف کروا دیں تو شاید مجھے یاد آجائے۔" یہ کہتے ہوئے میں نے دل ہی دل میں اپنے آپ کو بھی برا بھلا کہا کیونکہ اکثر مجھے لوگوں کو پہچاننے یا ان کے نام یاد رکھنے میں دشواری پیش آتی ہے جس کی وجہ سے شرمندگی کا سامنا کرنا پڑتا ہے اور اب بھی کچھ ایسی ہی صورتحال درپیش تھی۔

"جی کوئی بات نہیں، میں اپنا تعارف کروائے دیتا ہوں، مجھے بے غیرت کہتے ہیں!!!" اجنبی نے پرسکون لہجے میں جواب دیا۔ میں نے چونک کر اس کے چہرے کی جانب دیکھا لیکن مجھے وہاں طنز کا شائبہ تک بھی نظر نہیں آیا بلکہ اس کے چہرے پر بلا کی سنجیدگی طاری تھی۔ "میں سمجھا نہیں۔۔۔ آپ کا کیا مطلب ہے؟؟؟" "جناب میں نے کہا

ہے کہ خاکسار کو بے غیرت کہتے ہیں اور میری آپ سے تقریباً ہر روز ملاقات ہوتی ہے۔" میں یہ عجیب و غریب تعارف سن کر چکرا کر رہ گیا اور قریب تھا کہ میں چکر کھا کر ہی گر پڑتا کہ اُس "بے غیرت" نے مجھے سہارا دیا اور قریب ہی کرسی پر بٹھا دیا۔ تاہم اب بھی اس کے چہرے کی سنجیدگی میں ذرا برابر بھی فرق نہیں آیا تھا۔ "جناب آپ تو یوں حیران ہو رہے ہیں جیسے اس سے پہلے آپ نے کبھی کوئی بے غیرت نہیں دیکھا!!!" اجنبی نے کہا۔ "ایسی کوئی بات نہیں، میں ہر روز سڑکوں، ہوٹلوں اور ٹی وی پر درجنوں بے غیرت دیکھتا ہوں لیکن ان میں سے کوئی بھی آپ کی طرح اپنی بے غیرتی کا برملا اعتراف نہیں کرتا۔"

میں نے تھوڑی دیر کے لیے اپنی حیرانی کو بالائے طاق رکھتے ہوئے کہا۔ "میں بے غیرت ہوں ، منافق نہیں!!!" اجنبی نے زہریلی مسکراہٹ کے ساتھ اپنی بات جاری رکھتے ہوئے کہا "میں کافی دیر سے آپ کو آبزرو کر رہا تھا اور مجھے لگا کہ آپ میری بات سن لیں گے، اسی لیے آپ سے چند منٹ مانگے تھے۔" "اب آپ یہ تو نہیں کہیں گے کہ آپ عدالت میں ایک پیشی پر لاہور آئے تھے اور وہاں آپ کی جیب کٹ گئی۔ اس لیے اب آپ کے پاس واپس شکر گڑھ جانے کا کرایہ نہیں ہے لہذا۔۔۔!!!" میری بات مکمل نہیں ہوئی تھی کہ اجنبی نے فقرہ اچک لیا۔۔۔ "جی نہیں! ایسی کوئی بات نہیں، کیا میں حلیے سے آپ کو کوئی منگتا لگتا ہوں؟ میں صرف بے غیرت ہوں اور آج کل میری طرح کے ہائی کلاس بے غیرتوں کے پاس روپوں کی کوئی کمی نہیں ہوتی۔

"ہاں یہ تو ہے۔۔۔" میں نے سمجھ جانے والے انداز میں سر ہلایا۔ "لیکن یہ آپ نے کیا کہا کہ آپ مجھے آبزرو کر رہے تھے اور آپ کو لگا کہ میں آپ کی بات سن لوں گا؟ کہیں اس کا مطلب یہ تو نہیں کہ آپ مجھے بھی اپنے جیسا سمجھ کر۔۔۔ میرا مطلب ہے کہ

۔۔۔" میری اس بات پر اجنبی نے ہلکا سا قہقہہ لگایا اور بولا " نہیں نہیں ایسی کوئی بات نہیں، میں خود بے غیرت ضرور ہوں تاہم میں بے غیرتوں سے گفتگو کرنا پسند نہیں کرتا۔"

اب تک اس " بے غیرت " کی ایک بھی بات میرے پلے نہیں پڑی تھی لہذا میں نے اس سے کچھ سیدھے سوال پوچھنے کا فیصلہ کیا۔" آپ کی مردم شناسی کا شکریہ ! لیکن اب یہ بھی فرما دیجئے کہ آپ کو خود کو بار بار بے غیرت کیوں کہہ رہے ہیں اور مجھ سے گفتگو کیوں کرنا چاہتے ہیں ؟"" آپ کے پہلے سوال کا جواب تو یہ ہے کہ آج کل ہر دوسرا شخص اپنی غیرت دفن کر چکا ہے اور اس میں ضمیر نام کی کوئی چیز باقی نہیں رہی لہذا ایسے میں اگر میں نے اس حقیقت کا ادراک کرتے ہوئے خود کو برملا بے غیرت کہنا شروع کر دیا ہے تو میرے خیال میں یہ میری حقیقت پسندی کی مثال ہے۔اور جہاں تک آپ سے بات کرنے کا تعلق ہے تو آج کافی عرصے کے بعد میرا دل چاہا تھا کہ میں اپنا کچھ " کتھارسس " کرلوں اسی لیے آپ سے گفتگو شروع کی تھی اگر آپ کو برا لگا ہو تو میں معذرت چاہتا ہوں۔" " نہیں مجھے برا نہیں لگا۔۔۔Please carry on " میں نے خوشدلی سے جواب دیا کیونکہ میں اب اُس شخص کی گفتگو میں کافی دلچسپی لینے لگا تھا۔

"جی شکریہ ! غالب نے کیا خوب کہا ہے۔۔۔بے غیرتوں کی کمی نہیں غالب، ایک ڈھونڈو ہزار ملتے ہیں"" معاف کیجئے گا ! غالب نے یہ کب کہا؟ اور اگر اس نے یہ کہا بھی ہوتا تو وہ یہ شعر وزن میں کہتا" میں نے اُسے گھورا۔ " اوہو جناب غالب نے اس سے کچھ ملتا جلتا شعر ہی کہا ہوگا، میں نے اُسے Tailor made کر لیا ہے، آپ ناراض نہ ہوں اور میری بات سنیں۔ آج کل بے غیرت اتنی زیادہ تعداد میں ہوگئے ہیں کہ واقعی ایک ڈھونڈو، ہزار ملنے والی صورتحال ہے۔"" اچھا یہ بتایئے کہ کسی بے غیرت کو پہچاننے کا کیا

طریقہ ہے؟" "بہت آسان طریقہ ہے، ایک اوسط درجے کے بے غیرت کی تین بڑی نشانیاں ہوتی ہیں، پہلی یہ کہ وہ ڈھیٹ ہو، دوسری یہ کہ وہ اپنی کہی ہوئی بات سے صاف مکر جائے اور تیسری یہ کہ وہ اپنی بے عزتی پر شرمندہ ہونے کی بجائے زور زور سے ہنسنا شروع کر دے۔" یہ کہہ کر اس نے زور زور سے ہنسنا شروع کر دیا۔

"یہ بتائیں کہ کیا بے غیرتی میں بھی درجات ہوتے ہیں؟" میں نے اپنی دلچسپی ظاہر کرتے ہوئے ایک اور سوال داغا۔ "بالکل ہوتے ہیں۔" اس نے یکدم سنجیدہ ہوتے ہوئے کہا۔۔۔ "کچھ بے غیرت اعلیٰ درجے، یعنی فرسٹ کلاس کے ہوتے ہیں، دوسرے اکانومی یا مڈل کلاس اور تیسرے لوئر کلاس بے غیرت ہوتے ہیں۔" "کمال ہے۔" میں نے حیران ہوتے ہوئے کہا "یہ آپ بے غیرتوں کے درجے بتا رہے ہیں یا ٹرین کی ٹکٹوں کے؟" میری بات سن کر اجنبی کے چہرے پر ایک بار پھر وہی زہریلی سی مسکراہٹ ابھری۔۔۔ "محترم! اعلیٰ درجے کے بے غیرت اعلیٰ جگہوں پر پائے جاتے ہیں اور نہایت اعلیٰ قسم کی بے غیرتی دکھاتے ہیں، مڈل کلاس بے غیرت عام لوگوں میں مل جاتے ہیں اور اپنی Cpacity کے مطابق بے غیرتی دکھاتے ہیں جبکہ لوئر کلاس بے غیرت تعداد میں بہت کم ہیں، لوئر کلاس ہی کی طرح مظلوم ہوتے ہیں اور اپنی بے غیرتی کے باوجود "رُلتے" رہتے ہیں۔"

جوں جوں میں اس "بے غیرت" کی باتیں سنتا جا رہا تھا توں توں میری الجھن میں اضافہ ہو رہا تھا تاہم میں نے اپنی بات جاری رکھی۔۔۔ "عام طور پر بے غیرت کہلوانا اچھی خاصی ذلت شمار ہوتا ہے لیکن آپ خاصی دیر سے اس ذلت سے لطف اندوز ہو رہے ہیں اور آپ کی باتوں سے یوں لگتا ہے جیسے آج کل بے غیرت ہونا ہی فائدہ مند ہے؟ کیا واقعی ایسا ہے؟" "جی بالکل ایسا ہی ہے۔۔۔ اصل میں آج کل Competition کا دور ہے اور

بے غیرتوں کی مانگ میں بے پناہ اضافہ ہو رہا ہے۔ یہ ٹھیک ہے کہ ایک زمانے میں بے غیرت ایک گالی ہوا کرتی تھی لیکن اب یہ زمینی حقیقت ہے۔ مقابلے کی وجہ سے اب بے غیرتی میں بھی ورائٹی پیش کرنی پڑتی ہے جو کہ خاصا مشکل کام ہے۔ دوسرے لفظوں میں اب پروفیشنل قسم کا بے غیرت ہونا ضروری ہوگیا ہے۔ آپ پروفیشنلی جتنے Competent ہوں گے آپ کا پیکج اُتنا ہی پُرکشش ہوگا یعنی سادہ لفظوں میں کامیاب بے غیرت وہ ہے جو شکل سے نہیں اپنے عمل سے بے غیرت نظر آئے۔"

"ویسے سچی بات یہ ہے کہ آپ کی باتیں میرے پلے نہیں پڑ رہیں، مجھے سمجھ نہیں آ رہی کہ آخر آپ اپنے آپ کو بے غیرت کہہ کر کیا ثابت کرنا چاہتے ہیں؟" میں نے تنگ آ کر پوچھا۔ "میں صرف یہ ثابت کرنا چاہتا ہوں کہ اگر کوئی شخص اپنا ضمیر بیچ کر بے غیرتی پر اُتر آئے تو اُسے کم از کم میری طرح اپنی بے غیرتی کا برملا اعتراف ضرور کر لینا چاہیے ، کیونکہ اگر کوئی بے غیرت اس اعتراف میں شرم محسوس کرتا ہے تو پھر وہ جینوئن بے غیرت نہیں !!! اب میں چلتا ہوں، امید ہے آئندہ ملاقات نہیں ہوگی"۔ اُس نے الوداعی انداز میں اُٹھتے ہوئے کہا۔ "یعنی آپ بے غیرتی چھوڑ رہے ہیں؟" میں نے مسکرا کر پوچھا۔ "جی نہیں۔۔۔ میں یہ ملک ہی چھوڑ رہا ہوں، شائد اسی طرح یہاں سے ایک بے غیرت کم ہو جائے" اُس نے مجھ سے مصافحہ کیا اور باہر نکل گیا۔ جتنی دیر میں مجھے اس کی بات سمجھ آتی وہ "جینوئن" بے غیرت نظروں سے اوجھل ہو چکا تھا۔

* * *

# شوہر کیسے کیسے

## سلمٰی یاسمین نجمی

شوہر حضرات بھی تو لوگوں کی ہی ایک قسم ہیں کیونکہ خواتین کی اکثریت کی گفتگو شوہروں کے قصیدوں یا فضیحتوں سے شروع ہو کر اس موضوع پر ختم ہوتی ہے۔۔ یہاں ہماری مراد شادی شدہ خواتین ہیں۔۔ دنیا کا کوئی مسلئہ ہو'کوئی معاملہ ہو'بادہ ساغر کی طرح بچے اور شوہر صاحب دھرے ہوتے ہیں اور ان کی رائے حرف آخر سمجھی جاتی ہے۔۔ سقراط'بقراط سب ان کے شوہروں سے سامنے پانی بھرتے نظر آتے ہیں۔۔ بھئی شوہر ان کے ہیں نکاح میں بندھی ہوئی ہیں مجبوری ہے۔۔جو چاہیں انہیں سمجھیں مگر دوسروں نے کیا کیا ہے جو وہ بھی ایمان لائیں۔۔

ایک دوست ہیں ہماری۔۔ کہنے لگیں "بھئی میرے میاں تو چلتی پھرتی انسائیکلوپیڈیا ہیں۔۔"

"کون سی والی؟ انسائیکلوپیڈیا برٹانیکا یا شاہکار بک والوں کی؟

"وہ انسان ہیں کتاب نہیں۔۔ میں تو کہہ رہی تھی کہ دنیا کی تمام معلومات ان کی فنگر ٹپس پر ہوتی ہیں ملکی معاملات ہوں کہ بین الاقوامی'سیاست ہو یا معیشت'تاریخ ہو یا جغرافیہ یہاں تک کہ اسٹاک ایک چینج کے کریش کی وجوہات بلکہ راز بھی تمہیں بتا دیں گے'اور اسپورٹس میں تو خیر ان کی جان ہے۔۔ تم جو چاہو پوچھ لو۔۔"

"ہمیں کسوٹی کسوٹی کھیلنے کا کوئی شوق نہیں' نہ ہمارا تعلق ایف بی آئی سے ہے۔۔ تم ہی کان کھاؤ ان کے۔۔"

"سچ کہتی ہوں تم کوئی موضوع چھیڑ کر تو دیکھو۔۔ بخیے ادھیڑ کر رکھ دیتے ہیں۔۔"

"بھئی بخیے ادھیرنا تو سب سے مشکل کام ہے۔۔ ہمیں تو زہر لگتا ہے۔۔ اس لیے ہم نے سینا پرونا سیکھا ہی نہیں۔۔ کون بخیے ادھیڑتا رہے اور ترپائیاں کرتا رہے۔۔ کیا وہ ترپائی کاج بٹن وغیرہ بھی کر لیتے ہیں؟؟

"نا" کیا وہ درزی کی اولاد ہیں؟ ایک بہت بڑی کمپنی کے ڈائریکٹر ہیں۔۔ سمجھیں تم۔۔"

"تو پھر بخیے کیوں ادھیڑتے ہیں۔۔؟ ہم نے معصومیت سے پوچھا۔۔"

"اللہ تم سے پوچھے تم تو بات کی کھال ادھیڑتی ہو۔۔ وہ خفا ہو گئیں۔۔

یہ آپ کو ادھیرنے سے اتنی دلچسپی کیوں ہے کہ بے چارے بال کی بھی کھال لے کے ادھی دی ہے۔۔ ارے بھئی بال کی تو کھال اتاری جاتی ہے۔۔"

"خدا کے واسطے چپ ہو جاؤ۔۔ وہ چلائیں۔۔ "اب کیا تم میری کھال اتارو گی۔۔"

دوسری خاتون بولیں۔۔ "بھئی میرے میاں بھی کسی سے کم نہیں ہیں۔۔ وہ محض گفتار کے غازی نہیں ہیں۔۔ عمل کرتے ہیں عمل۔۔ ہر فن مولا ہیں۔۔ دیوار میں کیل ٹھکوانی ہو' فیوز لگوانا ہو' فلش کی ٹنکی ٹھیک کروانی ہو' گیزر کا مزاج درست کرنا ہو۔۔ کسی کی خوشامد نہیں کرنی پڑتی۔۔ یہ سارے بکھیڑے وہی سنبھال لیتے ہیں۔۔"

تو کیا آپ کے میاں کوئی پلمبر وغیرہ ہیں؟" کسی نے پوچھا۔۔

"کیوں جی گھر کے کام کرنے سے کوئی پلمبر یا مستری بن جاتا ہے' کیا امریکہ یورپ میں سب کے میاں گاربیج کے تھیلے ڈھوتے نظر نہیں آتے' گھر میں ویکیوم وغیرہ بھی

کرتے ہیں۔۔ کرتے ہیں یا نہیں ؟؟

"ہم نے فوراہاں میں ہاں ملائی۔۔ "کیوں نہیں 'کیوں نہیں"

ہے مشقِ سخن جاری چکی کی مشقت بھی

یک طرفہ تماشا ہے حسرت کی طبعیت بھی

"یہ حسرت صاحب کون ہیں؟ میرے میاں کا نام تو شفقت ہے اور میں نے یہ کب کہا کہ وہ چکی میں آٹا پیستے ہیں۔۔ یہ تم بھری محفل میں بیٹھ کر الٹی سیدھی نہ ہانکا کرو۔۔

ان کی ہمسائی بولیں۔۔ تم نے تو بتایا تھا کہ ایک بار جو وہ کیل ٹھونکنے لگے تو اپنی آستین کا کف بھی ساتھ میں ٹھونک دیا۔۔"

ہائے تو کیا وہ تصویر کی طرح دیوار سے لٹک گئے تھے۔۔"

اللہ نہ کرے وہ کیوں لٹکتے۔۔ انہوں نے فورا قمیص اتار دی۔۔ سو وہ لٹکی رہی۔۔ اصل میں ان کی نظر کمزور ہے۔۔ اس دن اپنی عینک کہیں رکھ کر بھول گئے تھے تو بغیر عینک کے ہی کیل ٹھونکنے لگے۔۔ ایک دو بار تو اپنے انگوٹھے پر بھی ہتھوڑی دے ماری۔۔"

ان ہی ہمسائی نے پھر یاد دلایا۔۔ ہمیشہ ہی کوئی نہ کوئی گل کھلاتے رہتے ہیں۔۔ 'ایک بار جو غسل خانے کا نلکا ٹھیک کرنے لگے تو پورا پائپ ہی اکھاڑ دیا۔۔ لو جی سارا گھر ہی جل تھل ہو گیا۔۔ قالین بھیگ گئے 'بچوں کی کاپیاں 'کتابیں اور جوتے تیرتے پھر رہے تھے۔۔

تو کیا ہو گیا۔۔ آخر کو بندہ بشر ہیں بھول چوک ہو جاتی ہے۔۔"

'اچھا جی اس دن تو تم نے اس بندہ بشر کے ایسے لتے لیے کہ تم سے جان چھڑا کر ہر فن مولا صاحب ایسے اڑنچھو ہوئے کہ شام کی خبر لائے۔۔

لو۔۔ کیسی ہمسائی ہے میری۔۔ تمہیں اور کوئی کام نہیں 'سوائے میرے گھر کے اندر

تانکا جھانکی کرنے اور کن سوئیاں لینے کے۔۔"

لو جی اور سنو' اب جو تم پنچم سر میں میاں سے لڑو گی تو کان میں آواز تو آئے گی نا۔۔ میں کوئی بہری تو نہیں اور نہ سارا دن کان میں روئی ٹھونس کر بیٹھ سکتی ہوں۔۔ بھئی تم پیسے بچانے کا چکر چھوڑ کر اصلی پلمبر بلوالیا کرو تا کہ تمہارے بہت سے مسائل حل ہو جایا کریں۔۔ سچی بات یہ ہے کہ ہم نے آج تم اپنے میاں سے تنکا دوہرا نہیں کروایا۔۔ وہ خیر سے ہمارے شوہر ہیں نوکر نہیں۔۔ ہم تو چائے ناشتہ تک ان کو بستر پر پہنچاتے ہیں۔۔ کپڑے استری کر کے غسل خانے میں لٹکا دیے۔۔ جوتے چمکا کر سامنے دھر دیے۔۔

اور منہ کون دھلاتا ہے۔۔؟ ہمسائی کی ہمسائی بولیں۔۔"

اللہ نہ کرے' کوئی ہاتھ پیر سے معذور ہیں کیا اور فرض کیا۔۔ ہم منہ بھی دھلوادیں تو ایسی کون سی آفت آجائے گی۔۔ آخر چلمچی آفتابے کے دور میں دھلایا ہی جاتا تھا۔۔ اللہ تعالٰی نے شوہروں کے بڑے حقوق رکھے ہیں۔۔ خدمت گزار بیویاں سیدھی جنت میں جائیں گی۔۔

"اچھی بیویوں کی ایک نشانی یہ بھی ہے کہ وہ شوہروں کے پیر دھو دھو کر پیتی ہیں۔۔ کیا خیال ہے؟؟ ہم نے پوچھا۔۔

"اللہ نہ کرے کہ ہم کسی کے پاؤں دھو کر پئیں۔۔ انہوں نے ابکائی لی۔۔ دنیا میں خالی یہی مشروب رہ گیا ہے پینے کو۔۔"

ان کی ہمسائی پھر بولیں۔۔ سچ بتاؤ۔۔ یہ تم خدمت کس وقت کرتی ہو؟ سارا دن تو تیرا بازار کی خاک چھاننے یا تیرے میرے گھر کے چکر لگانے میں گزر جاتا ہے۔۔ جو باقی بچتا ہے وہ لگائی بجھائی بلکہ "لگائی" پر کٹتا ہے۔۔ بھئی ہم نے خود اپنی گناہ گار آنکھوں سے

انہیں روٹی پکاتے دیکھا ہے۔۔

"اوئی اللہ۔۔ کسی اور کو دیکھا ہو گا۔۔ وہ اور روٹی پکائیں۔۔ باؤلی تو نہیں ہو گئیں۔۔"

تو کیا ان کا کوئی جڑواں بھائی بھی ہے؟ یا میاں کی کلوننگ کروائی ہے ایک شکل کے دو شوہر کیسے ہو سکتے ہیں؟ ہم نے بیل دی' موصوف ایپرن باندھے چہرہ مبارک پر آٹے کا غازہ لگائے ہاتھ میں بیلنا پکڑے برآمد ہوئے۔۔ اب یہ حلیہ تو کسی روٹی پکانے والے کا ہی ہو سکتا ہے۔۔ ہم نے پوچھا کہ تم کہاں ہو؟ تو انہوں نے بیلنے سے اشارہ کیا۔۔ اگر ہم اچک کر پیچھے نہ ہو جاتے تو یقیناً ہماری ایک آدھ آنکھ اس بیلنے سے پھوٹ سکتی تھی۔ پھر انہوں نے یہ یاد کرنے کی کوشش کی کہ تم جن محترمہ کے گھر براجمان ہو' ان کا بھلا سا نام کیا ہے۔۔

بے خیالی میں اپنا ہاتھ سمجھ کر انہوں نے بیلنا اپنے صفاچٹ کو جیک نما سر پر دے مارا اور پھر دوسرے ہاتھ سے سر سہلاتے رہے انگلیوں پر لگا آٹا بے چارے سر پر چپک گیا۔۔ اسی بیلنے سے انہوں نے ایک بار اپنا کان اور دوسری بار اپنی پیٹھ کھجانے کی سعی ناکام فرمائی۔۔ اب تم خود بتاؤ کہ بیلنے سے روٹی بیلی جاتی ہے یا مقالہ لکھا جاتا ہے۔۔"

توبہ استغفار۔۔ اگر کبھی بھولے بھٹکے پکا بھی لی تو کون سا گناہ ہو گیا۔۔ ہم گھر میں جو نہیں تھے۔۔ آخر پیٹ تو ہر بندہ بشر کے ساتھ لگا ہوا ہے۔۔ بھوک لگ رہی ہو گی زور کی۔۔"

"ارے بھئی تم روٹی پکواؤ یا آٹا گندھواؤ' ہماری بلا سے۔۔ تمہارے میاں ہیں تم جانو' سچی بات پوچھو تو شکل سے بڑے مظلوم لگتے ہیں۔۔"

"تم چاہتی ہو کہ ظالم لگیں' تمہارے میاں کی طرح۔۔ آغا حشر کے ڈرامے صید ہوس کے جلاد کی طرح۔۔

انہوں نے ان کی بات نظر انداز کر دی اور بڑے معنی خیز انداز میں بولیں۔۔اب تم پوچھو انہیں دوسری مرتبہ ہم نے کہاں دیکھا۔۔

"نا میں کوئی لال بجھکڑ ہوں جو بوجھوں ظاہر ہے بریلی کے بازار میں تو نہ دیکھا ہو گا۔۔"

'نہ جی نہ' بریلی کے بازار تک جانے کی کیا ضرورت ہے۔۔اب تو اتوار اور جمعہ بازار ہوتے ہیں۔۔بستر پر چائے ناشتہ نوش فرمانے کی بجائے اک پھٹیچر سی چپل پہنے ہاتھ میں تھیلا لٹکائے ایک ایک آلو پیاز تمہارے لیے چن چن کر خرید رہے تھے۔۔

'اب اتوار بازار میں وہ بالی(bali) کا جوتا پہن کر جانے سے تو رہے۔۔دراصل ان کی پسند بڑی منفرد اور اونچی ہے۔۔کسی کا لایا ہوا گوشت 'مرغی یا سبزی ان کو پسند نہیں آتی۔۔خوب ٹھونک بجا کر اور چھانٹ کر لاتے ہیں۔۔"

سبزی پھل خریدتے ہیں یا کسی کا رشتہ طے کرتے ہیں۔۔حد ہو گئی۔۔میں تو صرف اس لیے پوچھ رہی ہوں کہ تم جمعہ اور اتوار بازار کے بڑے خلاف تھیں اور کہتی تھی کہ بھئی میں تو سب کچھ کورڈ مارکیٹ سے خریدتی ہوں بندہ دام زیادہ دے۔۔پر چیز اچھی خریدے۔۔اتوار بازاروں میں کون مارا مارا پھرے۔۔

"آں جام شکتندو آں ساقی نہ ماند۔۔کورڈ مارکیٹ ہی نہیں رہی۔۔تو اب بے چارے اتوار بازار نہ جائیں۔۔تو کیا لندن پیرس جائیں گے ہم نے ان کا ساتھ دیا۔۔"

"بس اب آئندہ سے میاں کی ناز برداریوں کے قصے سنانا بند کرو اور اللہ کے واسطے ان کے ہاتھ سے بیلن لے لو۔۔کسی دن غصے میں آکر تمہارے سر پر نہ دے ماریں۔۔"

یہ کہہ کر وہ چمپت ہو گئیں اور ہم ناز برداری کرنے والی خاتون سے ہجو سنتے رہے۔۔"

ایک چیز ہماری ناقص عقل میں نہیں آتی کہ بیگمات تو بڑی عمر میں بھی ماشااللہ نک سک سے درست ' چاند چہرہ ستارہ آنکھیں لگتی ہیں واکنگ اور ڈائٹنگ کر کر کے سلم سمارٹ۔۔ اس پر ان ہی کے درجے کے سلک کے سوٹ۔۔ شانوں پر پڑی قیمتی پشمینہ کی شالیں۔۔ ہم رنگ پرس اور جوتے۔۔ انگلیوں میں جگمگاتی انگوٹھیاں۔۔ باقاعدگی سے جم اور بیوٹی پارلرز کے چکر اور فیشل سے لائی گئی آب اور پھر قیمتی کوسمیٹکس کے استعمال سے چھپائی گئی لکیریں۔۔ سنہری کمانیوں کی عینک یا لینس اور سنہرے رنگے بالوں میں پڑی اسٹریکس مگر جب ان کے شوہروں کو دیکھیں تو عبرت حاصل ہوتی ہے۔۔ ان کے مقابلے میں اپنی خستہ حالی کی وجہ سے وہ شوہر کم اور خانساماں ' ڈرائیور یا چوکیدار لگتے ہیں۔۔ چلیے جی کچھ قدرت کی وجہ سے عطا میں کمی رہ گئی ہو گی۔۔

کچھ عمر کا تقاضا بھی ہو گا مگر ہمارے نزدیک بیویوں کی بے توجہی کا اس میں بڑا عمل دخل ہے اپنے سے فرصت ہو تو غریب شوہر کا دھیان کریں۔۔ اکثر آپ کو ان "ٹپ ٹاپ لیڈیز سے چند قدم پیچھے چلتا ہوا ایک ڈھیلا ڈھالا شخص نظر آئے گا یا تو وہ سوکھا اچور کی پھانک ہو گا۔۔ آنکھوں پر موٹے شیشوں کی عینک 'چھدرے چھدرے بال جو اکثر کھڑے ہی رہتے ہیں۔۔ سفاری سوٹ جسم پر لٹکا ہوا نظر آتا ہے کیونکہ اچھے وقتوں میں بنا تھا جب آتش جواں تھا یا پھر اسی سوٹ یا شلوار قمیص واسکٹ میں پھنسا ہوا بندہ دکھائی دے گا۔۔ سر کے بال امتداد زمانہ کے ہاتھوں غائب۔۔ صفاچٹ میدان کے بعد عینک بار بار پھسل کر ناک کی پھنگ پر اٹک جاتی ہے۔۔ بیگم سے اتنا نہیں ہوتا کہ اس کی کمانیاں کی کسوا لیں یا فریم بدلوا لیں۔۔ تربوز نما پیٹ شرٹ سے باہر آنے کو بے قرار 'بٹن بے چارے بمشکل اس کو تھامے ہوئے لڑھکتے چلے آرہے ہیں۔۔ ایسے قابل رحم حلیے والے شوہروں کو دیکھ کر دل دکھنے لگتا ہے۔۔۔

اپنی طرف پھینکے ہیں گل بلکہ ثمر بھی
اے خانہ بر انداز چمن کچھ تو ادھر بھی۔۔

بھئی اب اپنے سے کچھ بچے گا تو پھینکا جائے گا۔۔ ایک صاحبہ کے شوہر کے اوپر نیچے کے دو دو دانت غائب تھے۔۔ ہم نے کہا۔۔ آپ نے اتنی قیمتی بتیسی فٹ کروار کھی ہے' دو چار دانت میاں کے بھی لگوا دیتیں۔۔ تو کیا حرج تھا؟ بے چاروں کے نوالے اور الفاظ منہ سے نکل نکل بھاگتے ہیں۔۔"

"واہ بھئی واہ۔۔ وہ چمک کر بولیں۔۔" دانت لگوادوں۔۔ بال ٹرانسپلانٹ کرادوں تاکہ کوئی شکارن جو شکار میں بیٹھی ہو' وہ آکر جال ڈالے اور میرا میاں لے اڑے۔۔"

ہم بڑے حیران ہوئے۔۔ یہ کیا بات ہوئی۔۔ خود سجی سنوری رہو اور ان کو برے حال میں رکھو۔۔

"ہاں تو عورتوں کو تو کہا گیا ہے کہ اپنے شوہروں کے لیے سجیں بنیں۔۔ مردوں کو ایسا حکم کب دیا گیا ہے۔۔ مرد کی یہ عمر بڑی خطرناک ہوتی ہے۔۔ وہ آسودہ حال ہو چکا ہوتا ہے۔۔ کار بنگلہ' بینک بیلنس سب موجود' چھوکریاں ایسے ہی مردوں کے لیے گھات لگائے بیٹھی ہوتی ہیں۔۔ میرے لیے کیا ضروری ہے کہ میں انہیں سجا سنوار کر رکھوں اور اپنا گھر برباد کروں۔۔ بس بھئی بس' بی لومڑی' بلی لنڈوری ہی بھلی۔۔"

"یہ آپ ہمیں لومڑی کہہ رہی ہیں وہ بھی لنڈوری۔۔"

"اصل میں' میں یہ کہنا چاہ رہی ہوں بلکہ گر کی بات بتا رہی ہوں کہ اپنے شوہروں کا حلیہ خراب اور خستہ ہی رکھنا۔۔ نہ منہ میں دانت ہوں' نہ پیٹ میں آنت' تب ہی سکون سے زندگی گزار سکوں گی اور پھر جب ہمیں کوئی اعتراض نہیں تو کسی اور کو کیوں ہو؟

خواتین کی ایک محفل تھی۔۔ خواتین حسبِ معمول اپنے شوہروں کے یا تو بخیے

ادھیڑ رہی تھیں یا پھر قصیدے پڑھ رہی تھی۔۔ ایک خاتون بولیں۔۔

"شکر ہے اللہ کا 'شوہر کے معاملے میں 'میں بڑی لکی (خوش قسمت) ہوں۔۔ میرے میاں انتہائی باوقار 'سوبر اور ہینڈسم ہیں۔۔

دوسری نے پوچھا۔۔ کیا یوسف ثانی ہیں؟

"کم نہیں ہیں۔۔ بخدا عورتیں دیکھیں تو انگوٹھے کاٹ لیں۔۔ جل مریں۔۔

ایک اور نے پوچھا۔۔ کس کے انگوٹھے۔۔؟

ساری عورتوں کی پیشانی پر بل پڑ گئے۔۔

"خدانخواستہ ہم کیوں کسی غیر مرد کی خاطر اپنے انگوٹھے کاٹ کر بیٹھ جائیں۔۔"

اور تمہارے انگوٹھے کیسے سلامت ہیں؟ تم نے کیوں نہ کاٹے بی زلیخا!"

ایک اور بولی اگر تمہارے میاں یوسف ثانی ہیں تو ہمارے کیا کسی افریقہ کے جنگل سے پکڑ کر لائے گئے ہیں۔۔

"تمہارے بچے دیکھ کر تو یہی شک ہوتا ہے۔۔ وہ پورے اطمینان سے بولیں۔۔"

دیکھو زبان سنبھالو۔۔ اب تم بچوں تک پہنچ رہی ہو۔۔ کوئی ماں یہ برداشت نہیں کر سکتی۔۔ تم نے کبھی اپنے بچے دیکھے ہیں،، بل بتوڑے ناسیں چوڑے۔۔"

بڑی مشکل سے خواتین کو باہم لڑنے سے بچایا گیا۔۔ تقریب کا اختتام ہوا۔ ہم باہر نکلے تو سامنے ایک گاڑی میں ایک صاحب بیٹھے ہوئے تھے۔۔ ہمیں دیکھ کر باہر نکل آئے۔۔

فاختی رنگ کے شلوار سوٹ میں ملبوس تھے۔۔

پیروں میں پلاسٹک کے چپل پہنے ہوئے۔۔ پسینہ بری طرح بہہ رہا تھا۔۔ گنجے سر پر سائیڈ سے چند لٹیں گھسیٹ گھساٹ کر چندیا پر چپکائی ہوئی تھیں۔۔ رنگ گہرا سانولا

تھا۔۔ آنکھیں موٹے موٹے شیشوں میں سے جناتی سائز کی نظر آ رہی تھی۔۔ایک لمحے کو تو ہم ڈر سے گئے۔۔"

سنیے جی' ذرا بیگم سیف اللہ کو بلا دیں۔۔ گھنٹہ بھر ہو گیا انتظار کرتے۔۔

ہم الٹے پیروں پلٹے۔۔ "مسز سیف اللہ! آپ کا ڈرائیور بلا رہا ہے۔۔"

ڈرائیور! وہ ذرا کی ذرا حیران ہوئی ہمارے پاس تو آجکل ڈرائیور ہے ہی نہیں۔۔"

"ایک مخنچو سا بندہ آپ کو بلا رہا تھا۔۔ ہم سمجھے ڈرائیور ہو گا۔۔"

"پتہ نہیں سیفی نے کس بد بخت کو بھیج دیا میں نے تو کہا تھا کہ خود لینے آئیں۔۔ میں نے شاپنگ کے لیے چین ون جانا تھا۔۔جان چھڑانے کے لیے جانے کس کو بھیجوا دیا۔۔ پتہ نہیں یہ شوہر لوگ بیویوں کی شاپنگ سے اتنا الرجک کیوں ہوتے ہیں۔۔وہ بڑبڑاتے ہوئے اٹھیں۔۔ ہم دونوں ساتھ ہی باہر نکلے اور وہ بے چارہ بد بخت مخنچو۔۔"ہی وہ سوبر' ہینڈ سم' باوقار' شوہر نامدار تھا جن کو دیکھ کر انگوٹھے کٹنے کا خدشہ تھا۔۔

آپ میرے شوہر کو مخنچو کہہ رہی تھیں۔۔"وہ دانت پیستے ہوئے دبی زبان میں بولیں۔۔

"آپ نے بھی بد بخت کہا تھا۔۔"

"آپ نے نقشہ ہی ایسا کھینچا تھا۔۔"

"مگر آپ تو کہہ رہی تھیں کہ بڑے ہینڈ سم' باوقار۔۔۔۔۔"

انہوں نے بات کاٹی۔۔ تو کیا اب پچپن ساٹھ سال کی عمر میں وہ راک ہڈسن دکھائی دیں گے۔۔ آپ کو شوہر اور شوفر میں فرق نظر نہیں آتا؟"

"اوہو' تو آپ ان کی جوانی کا تذکرہ کر رہی تھیں۔۔"

یہ قصہ ہے تب کا جب آتش جواں تھا

"یہ نامراد آتش کہاں سے آن ٹپکا۔۔میرے میاں کا نام تو سیف ہے' سیف۔۔ آپ کی یہ عجیب منحوس عادت ہے نام بدلنے کی۔۔۔بے چارے شفقت کو اس دن حسرت بنا دیا تھا۔۔ مخبوط الحواس تو پہلے ہی تھیں۔۔اب خیر سے سٹھیانے کا مرض بھی لگ گیا ہے۔۔ خبر دار رہنا' کل کلاں کو اپنے میاں کو کسی اور نام سے ہی نہ پکارنے لگنا۔۔"

"ان صاحب کے صبر کا پیمانہ لبریز ہو کر اب چھلکنے لگا تھا۔۔

تمہاری یہ بک بک کب ختم ہو گی۔۔ میں تمہارا نوکر نہیں لگا ہوا جو اس سڑی گرمی میں بیٹھ کر تمہارا انتظار کروں اور تم وہاں اے سی میں بیٹھی گپیں لڑاؤ۔۔ آئندہ ٹیکسی 'رکشہ کرنا یا تانگا یا گدھا گاڑی۔۔مجھے تو معاف ہی رکھنا۔۔"

وہ جلدی سے اپنے باوقار شوہر کی گاڑی میں بیٹھیں اور گاڑی ایک فراٹے کے ساتھ چل پڑی۔۔

اسی طرح ایک بار خواتین کلب کے ایک بینچ میں ایک خاتون اپنے شوہر کی ذہانت 'لیاقت 'دیانت ' شجاعت 'نجابت 'شرافت اور حماقت کی تعریف میں زمین آسمان کے قلابے ملا رہی تھیں۔۔ حماقت تو ہم کہہ رہے ہیں 'ورنہ وہ تو اس کو ان کی سادگی اور بھولا پن کہہ رہی تھیں کہ کس طرح تمام دوست احباب اور خاص طور پر سسرال والے ان کو الو بنا کر اپنا الو سیدھا کرتے رہتے ہیں۔۔ دنیاداری کی چالاکیاں انہیں نہیں آتیں۔۔

ان کی تعریفیں سن کر ہمارے تصور میں تو نسیم حجازی کے ناول کا کوئی ہیرو گھومنے لگا اور ہم ان کی قسمت پر کافی دیر تک رشک کرتے رہے اور سوچتے رہے کہ آخر ہماری اماں کو ایسا کوئی ہیرو کیوں دستیاب نہ ہو سکا۔۔

"نام کیا ہے آپ کے شوہر کا؟

شہزادہ سلیم۔۔"

"ہائیں "یعنی جہانگیر۔۔مارے حیرت کے ہم دم بخود رہ گئے۔۔

جہانگیر تو میرا بیٹا ہے جی۔۔"

"میں سمجھی نہیں۔۔بیک وقت آپ بیوی اور اماں کیسے ہو سکتی ہیں۔۔؟

"دماغ تو ٹھیک ہے آپ کا۔۔نہ جانے کیا اول فول بک رہی ہیں۔۔

"کیا یہ وہی شہزادہ سلیم ہیں جن کی انارکلی کو زندہ دیوار میں چنوادیا گیا تھا؟

"یہ انارکلی کون محترمہ ہیں؟ یہ آپ کی کیا لگتی ہیں اور ان کا ہمارے میاں سے کیا تعلق ہے؟

"دیکھیں نا'شہزادہ سلیم تو اکبر بادشاہ کا بیٹا تھانا۔۔ مغل اعظم۔۔۔۔"

وہ ہماری بات کاٹ کر بولی۔۔اوہ تو آپ امتیاز علی تاج کے ڈرامے انارکلی کی بات کر رہی ہیں جو الحمرا میں لگا تھا۔۔ آپ کے خیال میں شہزادہ سلیم کا پارٹ میرے شوہر نے ادا کیا تھا؟ کیا ہمیں بھانڈ میراثی سمجھ رکھا ہے۔۔"

"توبہ استغفار۔۔ویسے بھانڈ میراثی تو اب متروک ہو چکے۔۔ اب تو فنکار ہوتے ہیں۔۔اصل میں ہم یہ پوچھنا چاہ رہے تھے اگر وہ مغل شہزادے نہیں ہیں تو پھر کس ملک کے شہزادے ہیں۔۔ابنِ صفی کے پرنس آف ڈھمپ کی طرح کے تو نہیں ہیں۔۔"

بی بی ان کا نام ہے یہ۔۔ آپ کو کوئی اعتراض ہے؟

"بھئی ہمیں کیوں اعتراض ہونے لگا۔۔بے شک شہنشاہ نام رکھیں یا غلام رکھیں'ہمیں کیا۔۔ البتہ شوہر شہزادوں سے زیادہ غلام زیادہ بہتر رہتے ہیں۔۔ دیکھیں نا پہلے آرسی مصحف میں دلہن اس وقت تک آنکھیں نہیں کھولتی تھی جب تک دلہا میاں یہ نہ کہتے تھے کہ بیوی آنکھیں کھولو میں تمہارا غلام۔۔"

اتنے میں پانچ فٹ کے ایک منحنی سے صاحب شیروانی اور کھلے پائنچوں کے پاجامے

میں ملبوس سلیم شاہی جوتی پہنے ہاتھ میں ایک نفیس سی چھڑی تھامے خراماں خراماں چلے آ رہے تھے مونچھیں کوب نوکیلی تھیں اور آنکھیں چمکیلی۔۔

"لو وہ آگئے ہمیں لینے۔۔" وہ چہک کر بولیں۔۔

"تو یہ ہیں آپ کے شہزادہ سلیم۔۔ شرافت 'نجابت اور شجاعت کے شاہکار۔۔"

انہوں نے ہماری سنی ان سنی کی اور اپنے شہزادے کے ساتھ رفو چکر ہو گئیں۔۔"

یادش بخیر' ہماری ایک دوست تھیں' وہ کہا کرتی تھیں کہ نوکر نوکرانیوں کو زیادہ دیر تک نہیں رکھنا چاہیے' ورنہ وہ 'چوڑ' ہو کر سر چڑھ جاتے ہیں۔۔

بھئی میں تو چند ماہ بعد ہی اپنی کابینہ بدل ڈالتی ہوں۔۔"

ایک دن بڑے غصے میں تھیں "ببن کے ذمے صبح مجھے بیڈ ٹی دینا ہے۔۔ سارے دن میں بس ایک یہ کام اسے کرنا ہوتا ہے مگر کیا مجال کو کوئی ڈیوٹی نبھا سکے۔۔ میں صبح سے شام تک کولھوں کے بیل کی طرح لگی رہتی ہوں۔۔

'بھئی بے شک تم اس وقت بہت غصے میں ہو مگر تذکیر و تانیث کا خیال تو رکھنا چاہیے۔۔ تم بیل کس طرح کہلائی جا سکتی ہو۔۔ کولھو کی گائے کہو۔۔ آخر کولھو میں گائے بھی تو جوتی جاتی ہو گی۔۔

'میں اپنا مسلئہ تمہیں سنا رہی ہوں اور تم گائے بیل کے چکر میں پڑ گئیں۔۔ کیا منحوس عادت ہے تمہاری۔۔ اصل موضوع سے بھٹک کر غیر ضروری باتوں میں الجھ جاتی ہو۔۔ دیکھو نا فون کی گھنٹی بجتی رہتی ہے۔۔ کیا مجال جو اٹھائے۔۔ کانوں میں روئی ٹھونس کر بیٹھا رہتا ہے۔۔ میں ہی سو کام چھوڑ کر اٹھوں تو اٹھوں۔۔ پورا نواب زادہ ہے۔۔ ماں کے لاڈ پیار سے بگڑا ہوا میری قسمت میں لکھا ہوا تھا۔۔"

"تو بھئی بدل دو' تم سے کس نے کہا کہ ایسے ناہجار سے سر پھوڑو۔۔ دفع دور

کرو۔۔۔۔

"کیا کہا؟ انہوں نے ایک دلدوز چیخ ماری۔۔ ہم سہم کر رہ گئے۔۔

'بدل دوں؟ تم نے اسے ناہجار کہا ہے؟

"ہاں تو ایسے ناہجار کو ہڈ حرام نہ کہوں تو کیا مز میجسٹی بن میاں کہوں۔۔ خود ہی تو کہتی ہو کہ میں ہر چند ماہ بعد اپنی کابینہ بدل ڈالتی ہوں۔۔"

"کابینہ بدلتی ہوں' میاں تو نہیں بدلتی۔۔

ہائیں۔۔ حیرت سے ہمارا منہ کھلے کا کھلا رہ گیا۔۔

"تو یہ تم اپنے میاں کا ذکر جمیل کر رہی تھی؟ ہم سمجھے کسی نوکر کا ذکر ہے۔۔ ہم کیا جانیں کہ یہ بن کون حضرت ہیں۔۔ تمہارے میاں کا نام تو مرزا لال بیگ ہے۔۔"

خدا تم سے سمجھے۔۔ اب تم نے میرے میاں کو تل چٹا بنا دیا۔۔ ان کا نام مرزا ہلال بیگ ہے۔۔ ہلال سمجھتی ہو نا۔۔ پہلی کا چاند۔۔ رہ گئی بات بن کی تو یہ اس کی اماں کا رکھا ہوا نام ہے جو سب کے منہ پر چڑھ گیا ہے۔۔

"جو بھی ہو شوہر اور نوکر کا فرق تو ملحوظ رکھنا چاہیے۔۔ کچھ ادب اور لحاظ بھی ہونا چاہیے۔۔ یہ کیا کہ ایک تو نام لے کر پکارا جائے اور دوسرا 'وہ آیا تھا' وہ گیا تھا' اس نے یہ کیا اس نے وہ کیا۔۔"

اچھا تو اب میں اٹھارویں صدی کی عورتوں کی طرح شرما شرما کر 'ان' کا ذکر کروں۔۔ "وہ" کہہ رہے تھے "ان' کو ذرا بلا دیں۔۔ خود آواز دینی ہو تو کہوں "اجی سنتے ہو" یا پھر منے کے ابا' یا" چنی کے ابو کہہ کر پکاروں۔۔ کیا مجھے وہ نیک پروین سمجھا ہے جو نکاح ٹوٹنے کے ڈر سے نماز میں سلام پھیرتے ہوئے بھی ڈر کے مارے رحمت اللہ نہیں کہتی تھیں۔۔ بلکہ بڑے احترام سے کہتی تھی "السلام علیکم منے کے ابا۔۔ ویسے بھی میرے

منے میاں اب خیر سے بڑے ہو گئے ہیں تو بھئی میں تو بن ہی کہوں گی۔۔"

اس طرح ہماری ایک ملنے والی تھیں۔۔ جب کوئی بات کرتی ٹیپ کے مصرع کی طرح "میرے میاں" کو درمیان میں گھسیٹ لاتیں۔۔ میاں کم اور پیر و مرشد زیادہ لگتے تھے۔۔ ہر بات ان کے حوالے سے کرتیں تھیں۔۔ میرے میاں کہہ رہے تھے کہ پاکستان میں جمہوریت نام کی کوئی شے نہیں۔۔"

"یہ تو بہت سے لوگ کہتے ہیں۔۔"

"کہتے ہوں گے۔۔ وہ کہتے ہیں کہ یہاں ہر شخص بکاؤ مال ہے۔۔ صحیح قیمت لگاؤ اور خرید لو۔۔ کوئی چند ٹکون میں بک جاتا ہے تو کوئی لاکھوں مگر بک جاتا ہے۔۔۔

کسی نے پوچھا۔۔ اور انہوں نے اپنی قیمت کیا لگائی ہے۔۔؟

وہ تو انمول ہیں انمول۔۔ کوئی مائی کا لال انہیں خرید سکتا ہے؟

وہ بڑے فخر سے بولیں۔۔ میرے میاں کہہ رہے تھے کہ ٹونی بلیئر اور بش بہت بڑے دہشت گرد ہیں۔۔"

"یہ بات تو نوم چومسکی نے کہی ہے۔۔ ہم ڈرتے ڈرتے بولے۔۔

'کہی ہو گی' مجھ سے تو میرے میاں نے کہی ہے۔۔ میں کیا جانوں یہ نوم چومسکی یا چوسکی کون ہیں۔۔"

ہو سکتا ہے نوم چومسکی کو آپ کے میاں ہی نے بتایا ہو۔۔" ہم نے فورا اتفاق کر لیا۔۔

بہر حال ایک دن پتا چلا کہ 'میرے میاں' نے دوسری شادی کر لی' تو ہم نے مشورہ دیا کہ اب یہ مناسب نہ ہو گا کہ آپ میرے میاں کی بجائے ہمارے میاں کہنا شروع کر دیں۔۔" ہمارے اس بے ضرر سے مشورے پر تو وہ ہتھے سے ہی اکھڑ گئیں۔۔ انہوں نے

ہمیں ایسے دیکھا جیسے زندہ ہی چبا جائیں گی۔۔

تم میرا مذاق اڑا رہی ہو۔۔ میرے زخموں پر نمک چھڑک رہی ہو۔۔ اللہ کرے تمہارا میاں بھی دوسری بیاہ لائے 'تب تمہیں آٹے دال کا بھاؤ پتہ چلے گا۔۔

گویا انہوں نے ہمیں پہلی چڑیل بنا دیا۔۔ واقعی آج تک دنیا میں کسی نے کسی کے نیک مشوروں پر عمل کیا ہے جو وہ کرتیں۔۔

ہمیں ایک اور شوہر یاد آ رہے ہیں۔۔ بہت دنوں کی بات ہے۔۔ جب ہم شادی کے بعد نئے نئے لندن میں رہائش پذیر تھے تو ایک دفعہ ہماری ملاقات ایک خاتون سے ہوئی۔۔ انہوں نے چادر اوڑھی ہوئی تھی اور کان میں لمبے لمبے سونے کے بندے تھے۔ ہمارے پوچھنے پر کہ وہ کہاں کی رہنے والی ہیں۔۔ انہوں نے کہا کہ کرتارہ پورہ راولپنڈی کی۔۔ ہم سمجھے کہ وہ مسلمان ہیں لیکن جب بعد میں ان کے شوہر کو دیکھا تو معلوم ہوا کہ وہ سکھ ہیں۔۔ مگر بخدا سارا حلیہ اور طور طریقے مسلمانوں جیسے ہی لگ رہے تھے۔۔ ان کی شفقت کی وجہ سے دوستی کا سلسلہ چل پڑا۔۔ وہ کبھی کبھار ہم سے ملنے آ جاتی تھیں۔۔

آخر ایک دن ان کے اصرار پر ہم نے سوچا کہ ہم بھی چکر لگالیں۔۔ ان کے گھر پر پہنچ کر ہم نے بیل دی۔۔

سردار صاحب نے دروازہ کھولا اور باہر جھانکنے لگے۔۔ ہم انہیں دیکھ کر حیران رہ گئے۔۔ "یا اللہ یہ دو دن میں کیا ماجرا ہو گیا کہ جنگل کا جنگل ہرا ہو گیا۔۔ کل تک تو ایک چھوٹی سی داڑھی تھی اور آج وہ ناف سے نیچے تک لہرا رہی تھی۔۔ نا صرف داڑھی بلکہ گھنے لہریے بال بھی کمر سے نیچے کی خبر لا رہے تھے۔۔ پیروں میں لکڑی کی کھڑاویں تھیں اور ایک تہمد پہنا ہوا تھا۔۔ ہم تو سچی بات ہے کہ پہچان ہی نہ پائے 'وہ بولے۔۔

"اندر آجاؤ پتری! تمہاری آنٹی کو بتاتا ہوں۔۔"

اسی وقت دروازہ ان کے ہاتھ سے چھوٹ گیا اور پٹاخ سے بند ہو گیا۔۔ البتہ نصف داڑھی ہماری طرف رہ گئی۔۔ ظاہر ہے بقیہ نصف ان کے چہرہ مبارک پر ہی موجود ہونی چاہیے۔۔ اب وہ کھولنے کے لیے زور لگا رہے ادھر سے ہم مدد کر رہے تھے۔۔ مگر درمیان میں داڑھی کے پھنس جانے کی وجہ سے وہ سختی سے بند ہو گیا تھا۔۔ ادھر سے ہم 'پش' کر رہے تھے اور ادھر سے وہ 'پل' کر رہے تھے۔۔ ہم نے جو پوری قوت سے دھکا دیا تو دھڑاک سے دروازہ کھلا۔۔ داڑھی تو آزاد ہو گئی مگر کھڑاویں پھسل گئیں اور سردار صاحب چاروں شانے چت زمین پر گر گئے۔۔ شور سن کر آنٹی بھی تشریف لے آئیں۔۔ بمشکل بالوں کے ڈھیر میں سے انہیں برآمد کیا۔۔ کھڑاویں اتروائیں اور ان کے قدموں پر کھڑا کیا۔۔

وہ لنگڑاتے ہوئے کسی کمرے میں غائب ہو گئے اور ہم کچھ شرمندہ سے ان کے ساتھ کمرے میں آگئے۔۔ آنٹی ست نام کور بولیں۔۔

"سو واری کہا ہے کہ کھڑاویں نہ پہنا کریں' پھسل جائیں گے۔۔ یہ امرتسر نہیں ہے لندن ہے۔۔'

"اصل میں ان کی داڑھی پھنس گئی تھی دروازے میں۔۔"

'یہ تو روز کا ہی چکر' جگہ جگہ پھنستی رہتی ہے۔۔ ایک بار تو جل بھی گئی تھی۔۔ کینڈل لائٹ ڈنر کا شوق ہوا تو میں نے کہہ دیا کہ سردار جی! ذرا موم بتیاں تو جلا دیں۔۔ موم بتیاں تو شودے کیا جلاتے 'البتہ داڑھی جلا لی۔۔ یہ تو واہگورو کا کرم ہوا کہ منہ نہیں جل گیا۔۔ کوٹ' سویٹر اور واسکٹ کے بٹنوں سے اکثر مجھے ہی چھرانی پڑتی ہے۔۔"

'مگر یہ داڑھی ایک دن میں کیسے اگ آئی کل تک تو نہیں تھی۔۔"

'ایک دن میں" وہ حیران ہو کر بولیں۔۔ "نہ جی نہ' یہ تو سدا سے ہے۔۔ باہر نکلتے ہوئے اسے لپیٹ لیتے ہیں"

ہم نے آنٹی کی چوہے کی دم جیسی چوٹی پر نظر ڈالی۔۔

"ماشا اللہ انکل کے بال تو کسی حسینہ کی طرح گھنے اور لمبے ہیں اور ابھی تک کالے سیاہ ہیں۔۔ اس کا راز کیا ہے؟ ہم نے رشک سے پوچھا۔۔

"کیا کرنا ہے۔۔ اصل راز ہی یہی ہے کہ کچھ نہیں کرتے۔۔ ہمارے بال تو فکریں کر کرکے' غم کھا کھا کے جھڑ گئے ہیں۔۔ ان کا یہ ہے کہ "فکر نہ فاقہ عیش کر کاکا" بڑی دیکھ ریکھ کرتے ہیں۔۔ یہاں بھی لسی سے سر دھوتے ہیں۔۔ سر میں مکھن لگاتے ہیں۔۔ دہی انڈے بھی سر پر تھوپتے رہتے ہیں۔۔ میرے پاس اتنی فرصت کہاں۔۔ ساری دیہاڑ ہانڈی روٹی' صفائی ستھرائی میں گزر جاتی ہے۔۔

ہم بولے"

داڑھی تو بڑھالی سن کی سی

مگر وہ بات کہاں مولوی مدن کی سی

"ہیں' تو کیا مولوی مدن کی داڑھی سردار صاحب سے بھی لمبی تھی؟

'اجی کہاں' ہم تو آپ کے سردار جی کو مولوی مدن کا خطاب دے رہے تھے۔۔ ان سے لمبی داڑھی کسی کی نہیں ہو سکتی۔ آپ مطمئن رہیں۔۔

اتنے میں سردار جی کی آواز آئی۔۔ او نیک بختے' ونڈو شٹ کر دے۔۔ سی لگ رہا ہے۔۔ نالے ہاٹ ملک میں ایک انڈا پھینٹ کر دے۔۔ پتری کی کچھ خاطر بھی کی ہے یا خالی گپیں لگا رہی ہے۔۔ پھش فنگراں (fish fingers) فرائی کر دے ٹی شی بنا کر دے۔۔

تو یہ تھے آنٹی ست نام کور کے شوہر سردار جاگیر سنگھ۔۔"

اب قارئین یہی کہیں گے کہ دوسروں کے کچے چٹھے تو کھول دیے' یہ تو بتاؤ تمہارے شوہر کس کھیت کی مولی ہیں؟ یہاں ہمیں مولی پر اعتراض ہے۔۔مولی مونث ہوتی ہے۔۔اب اسے اگر مردوں کے لیے استعمال کیا جائے تو اس سے یقیناً مردانگی کی توہین کا پہلو نکلتا ہے۔۔مردوں کے لیے مختلف محاورے ہونے چاہیں۔۔یعنی ذرا دیکھیں تو تمہارے شوہر کس کھیت کے ٹنڈے 'کدو' بینگن 'شلجم یا آلو ہیں۔۔"

اب اصغر خان کا نام بھٹو نے آلو رکھا تھا۔۔مولی گاجر یا میتھی تو نہیں کہا تھا۔۔بے چارے نواز شریف بھی کشمیری گونگلو کہلائے جاتے رہے۔۔کشمیری ناشپاتی یا زعفران تو نہیں کہا کسی نے۔۔"

بہرحال اتنا اطمینان ہم آپ کو ضرور دلاتے ہیں کہ وہ خیر سے ظاہری طور پر بالکل ٹھیک ٹھاک ہیں۔۔ماشاء اللہ دراز قد ہیں۔۔نک سک سے درست ہیں۔۔نہ موٹے ہیں نہ سینک سلائی ہیں۔۔سر پر سفید چاندی جیسے بالوں کا ڈھیر ہے۔۔داڑھی بھی ایسی ہی سفید جھاگ ہے' اس لیے اپنی عمر سے کئی برس بڑے لگتے ہیں۔۔وجہ یہ ہے کہ انہیں خضاب لگانا پسند نہیں۔۔وہ اب سلور بلونڈ رہنا چاہتے ہیں تو ہم کیا کر سکتے ہیں؟ اس لیے خواتین کو اکثر غلط فہمیاں ہوتی رہتی ہیں۔۔

مثلاً ایک بار ایک ملنے والی تشریف لائیں تو پوچھنے لگیں۔۔آپ کے والد صاحب کب تشریف لائے؟

والد صاحب۔۔ہم حیران ہوئے۔۔'وہ جنت مکانی کہاں سے تشریف لے آئے؟

"اوہ معاف کیجئے گا سسر ہوں گے۔۔ماشا اللہ بڑے نورانی چہرے والے ہیں۔۔ہم تو آپ پر رشک کر رہے تھے کہ 'ایسا ابا کہاں سے لبھا'۔۔یہ باہر لان میں ٹہل رہے ہیں۔۔

'یہ آپ مسلسل ان کو میرا ابا بنائے دے رہی ہیں۔۔ کیا نکاح تڑوائیں گی میرا۔۔ وہ میرے شوہر ہیں بھئی' ذرا غور سے دیکھتیں تو صاف پتہ چل جاتا کہ شوہر ہیں یا کہ ابا۔۔"

بہر حال تو ہم کہہ رہے تھے 'ویسے تو ان میں ساری شوہرانہ خوبیاں بدرجہ اتم موجود ہیں مگر ایک اضافی خوبی یہ ہے کہ تھوڑا تھوڑا فلسفیانہ مزاج رکھتے ہیں اس فلسفی پروفیسر کی طرح جو بعض اوقات چھڑی کو بستر میں لٹکا کر خود دروازے کے پیچھے کھڑے ہو جاتے تھے یا ان پروفیسر کی طرح جنہیں جب بتایا گیا کہ ان کی بیوی بیمار ہیں تو وہ گھبرا کر دوڑ پڑے۔۔ تھوڑی دور جا کر یاد آیا کہ ان کی تو ابھی شادی ہی نہیں ہوئی۔۔

ہمارا میکہ سیالکوٹ میں ہے۔۔ ایک بار وہ ہمیں سیالکوٹ جانے کے لیے ٹرین پر سوار کرانے لے گئے۔۔ اس زمانے میں لاہور اور سیالکوٹ کے درمیان بابو ٹرین چلتی تھی۔۔ دو بچوں اور سامان کے ساتھ ہم پلیٹ فارم پر پہنچے۔۔ انہوں نے ہمارا اٹیچی کیس اٹھایا اور لپک کر ڈبے میں چڑھ گئے۔۔ ہم سمجھے کہ ہمارے لیے جگہ کا بندوبست کرنے گئے ہیں۔۔ گاڑی نے وسل دی اور رینگنا شروع کر دیا۔۔ مارے گھبراہٹ کے ہمارے تو ہاتھ پیر پھول گئے۔۔ سمجھ میں نہیں آرہا تھا کہ کیا کریں۔۔

اتنے میں جناب والا کا چہرہ کھڑکی میں نظر آیا۔۔ چہرہ خوشی سے تمتما رہا تھا انہوں نے ہاتھ ہلا کر ہمیں خدا حافظ کہا۔۔ ہم حیران و ششدر کھڑے کے کھڑے رہ گئے۔۔ ہمارے بجائے وہ سیالکوٹ پہنچ گئے۔۔ اگلے روز اسی بابو ٹرین سے واپس آکر بولے۔۔

"عجیب بدحواس خاتون ہو' سیالکوٹ جانے کی بجائے اطمینان سے پلیٹ فارم پر کھڑی رہیں اور ہمیں گاڑی میں سوار کرا کر بھجوا دیا۔۔ نہ ہمارے پاس کوئی کپڑا نہ لتا۔۔ تمہارا کیا خیال تھا کہ تمہاری شلوار قمیص یا ساڑھی پہن کر پھروں گا یا تمہارے خیال

میں پلیٹ فارم ہی سیالکوٹ جا رہا تھا جو وہاں گل محمد بنی کھڑی تھیں۔۔"

'ارے' یہ الٹا چور کو توال کو ڈانٹے"

تمہارے باوا کو توال تھے۔۔ یہ تم نے کب سے کوتوالی شروع کر دی۔۔ اپنے شوہر کو چور کہہ رہی ہو" ہم نے کیا چرایا ہے' ذرا پتہ تو چلے۔۔"

'کیا نہیں چرایا۔۔ ہمارا ٹکٹ 'ہمارا سفر' ہمارا اٹیچی کیس' ذہنی سکون۔۔ کمال ہے۔۔ ہمیں اسٹیشن پر بے یارومددگار چھوڑ کر خود چمپت ہو گئے۔۔

'تو بھئی' یہ بھی تمہارا فرض تھا کہ یاد دلاتیں کہ تمہیں جانا ہے' ہمیں نہیں۔۔

اسی طرح ایک مرتبہ ایک بچہ بیمار تھا۔۔ ہم دونوں اسے دکھانے ایک چائلڈ اسپیشلٹ کے پاس لے گئے۔۔ "وٹینگ روم کھچا کھچ بھرا ہوا تھا۔۔ اتنے میں کیا دیکھتے ہیں کہ موصوف ایک روتا ہوا بچہ کلیجے سے لگائے ٹہل ٹہل کر چپ کرا رہے ہیں۔۔

"یہ کس کا بچہ پکڑ لائے؟ ہم نے دبی آواز میں پوچھا۔۔

کس کا بچہ؟ پاگل ہو گئی ہو' اپنا بلو ہے۔۔

"اپنا تو نہیں نہ جانے کس کا بلو ہے۔۔ اپنا تو یہ میری گود میں سو رہا ہے۔۔

لاحول ولا قوتہ۔۔ تو پھر یہ کہاں سے آیا؟ بری طرح رو رہا تھا۔۔ میں نے مارے ہمدردی کے تم سے کہا کہ لاؤ مجھے دے دو' میں چپ کرائے دیتا ہوں۔۔

'ہم سے نہیں۔۔ اس بلو کی اماں سے کہا ہو گا"

'بھئی وہ بھی تمہاری طرح کالے برقعہ میں تھیں۔۔ اب ہمیں کیا معلوم کہ اس کالے نقاب کے پیچھے کون جلوہ فرما ہے۔۔

"تو کیا بلو نے بھی کالا برقعہ پہنا ہوا تھا؟ بیوی کی پہچان نہیں ہے تو کیا اپنا بچہ بھی نہیں پہچان سکتے۔۔ ساری برقعے والیاں آپ کے بلو کی اماں ہو گئیں۔۔ سارے کالے میرے

باپ کے سالے۔۔ ہمیں تو کچھ دال میں کالا نظر آرہا ہے۔۔اب خدا کے لیے اس بلو کو اس کی ماں کے حوالے کر کے آئیں'اس سے پہلے کہ اغوا برائے تاوان کے الزام میں وہ آپ کو پکڑا دے۔۔"

اور یہ تو ابھی چند روز پہلے کی بات ہے کہ شوہرِ محترم دفتر ایک پاؤں میں براؤن اور دوسرے میں سیاہ جوتا پہن کر سدھارے۔۔واپس آئے تو ہماری نظر پڑی۔۔

'یہ کیا تماشا بنار کھا ہے آپ نے۔۔ ہم نے جوتوں کی طرف اشارہ کیا۔۔انہوں نے پیروں کی طرف دیکھا۔۔

'ہیں۔۔یہ ایک ٹانگ تو ہماری ہے دوسری کس کی ہے۔۔؟

'یہ دوسری بھی بفضل خدا آپ کی ہی ہے۔۔البتہ دوسرا جوتا مختلف ہے۔۔لوگ ہنستے ہوں گے آپ پر۔۔ آپ دھیان کیوں نہیں کرتے۔۔"

" بھئی تمہارے جوتے پہن کر جاتا تو لوگ ضرور ہنستے۔۔جوتے میرے ہیں۔۔میں جس طرح چاہوں پہنوں۔۔دو رنگ کے پہنوں یا ایک رنگ کے۔۔ کسی کو کیا۔۔ جیو جیسے چاہو جیو۔۔یہی نعرہ نا آج کا۔۔

اور ایسی ہی حرکت موصوف نے ایک بڑے ڈنر کے موقعے پر کی۔۔ سیرینا میں بینکرز نے مدعو کیا ہوا تھا۔۔سج دھج کے ہوٹل پہنچے۔۔بیٹے کمال نے ان کا تعارف کراتے ہوئے یک لخت نیچے نگاہ ڈالی تو سٹ پٹا گیا کیونکہ چیئرمین صاحب غسل خانے کی چپل پہن کر آگئے تھے۔۔"

"اچھا تو کیا کسی نے ہوٹل سے مجھے نکال دیا۔۔لوگوں نے مجھ سے ملنے سے انکار کر دیا۔۔وہ مجھ سے ملنے آئے تھے یا میرے جوتوں سے۔۔ میرے ناچیز جوتے کوئی رام چندر جی کی کھڑاویں تو نہیں ہیں۔۔ یہ چھوٹی چھوٹی باتیں ہیں ان پر شرمسار ہونا چھوڑو۔۔ دنیا

میں شرمندہ ہونے کے لیے اور بڑے بڑے معاملات ہیں' پہلے ان پر تو اظہار شرمندگی کر لو۔۔

تو یہ ہیں ہمارے شوہر بلکہ نایاب گوہر۔۔اے ماؤں' بہنو' بیٹیو! شوہر کی عزت تم سے ہے اور تمہاری عزت بھی شوہر سے ہے۔۔ تم ان کا لباس ہو اور وہ تمہارا۔۔ یہ بڑی بری بات ہے کہ ایک کا لباس تو شان دار اور خوش نما ہو اور دوسرے کا پھٹا پرانا۔۔

اللہ تعالٰی سب سہاگنوں کا سہاگ سلامت رکھے (آمین)

***

# جیب اور "اصحابِ جیب"؟

## مرزا یٰسین بیگ

پاکستان کے ایک انگریزی روزنامے کی رپورٹ کے مطابق 20 فیصد پاکستانیوں کی جیبوں میں جعلی شناختی کارڈ ہیں۔ رپورٹ میں اس کا تذکرہ نہیں کہ "جعلی پاکستانیوں" کی جیبوں میں کتنے فیصد اصلی شناختی کارڈ ہیں۔ قصور شناختی کارڈ کا نہیں جیبوں کا ہے۔ اگر جیب ہی نہ ہوتی تو شناختی کارڈ کے اصلی یا جعلی ہونے کا پتہ ہی نہ چلتا۔ ویسے جیب کے رواج کی تاریخ آج تک کسی جیب سے بر آمد نہیں ہوئی۔ ہم جو کچھ پہنتے ہیں مثلاً شیروانی، کوٹ، پینٹ، قمیض تقریباً سب میں ہی جیبیں ہوتی ہیں علاوہ پاجامے کے۔ پاجامے میں ازار بند کے سوا کوئی اور قابل تحریر چیز نہیں ہوتی۔ اس ازار بند کو بھی لوگ "آزار بند" کہتے ہیں، کیونکہ یہ اکثر وقت پر "دغا" دے جاتا ہے۔

جیبیں "ہلکی" بھی ہوتی ہیں اور "بھاری" بھی۔ "ٹھنڈی" بھی اور "گرم" بھی۔ شخصیت کا بھاری پن جیب کے بھاری پن سے متناسب ہوتا ہے۔ کاروبار جتنا ناجائز ہو، نوکری جتنی مشہور اور نیت جتنی خراب ہو، جیب اتنی ہی بھاری اور گرم ہوتی ہے۔ مردوں کی جیبیں ٹھنڈی اور ہلکی ہوں تو ان کی بیویاں ان پر گرم اور بھاری رہتی ہیں۔ ہر ٹھنڈی اور ہلکی جیب کے پیچھے کسی نہ کسی عورت یا ذاتی شرافت کا ہاتھ ہوتا ہے۔

کسی کے کردار، پیشے اور ذوق کا ذاتی اندازہ لگانا ہو تو اس کی جیب کی تلاشی کافی ہے۔

کسی نوجوان کے شریف ہونے کی سب سے بڑی دلیل یہ ہے کہ اس کی جیب میں یونیورسٹی کا کارڈ، چند سکے اور صرف ایک لڑکی کی تصویر ہو۔

اگر کنگھی بھی نکلے تو سمجھ لیں کہ لڑکا منچلا، فیشن زدہ اور لڑکیوں کا دلدادہ ہے۔ اگر جیب سے سفارشی خطوط اور رومال نکلے تو سمجھ لیں "صاحب جیب" بے روز گار ہے اور دھوپ میں پھرنے کا عادی ہے۔

جس کی جیبوں میں بجلی، گیس اور فون کے بل ہوتے ہیں وہ شادی شدہ ہوتے ہیں۔ جیبوں میں پرس رکھنے والے "شوباز" ہوتے کہے جا سکتے ہیں۔ ان کے پرسوں میں اکثر بڑے بڑے عہدے والے دور پرے کے رشتہ داروں کے وزیٹنگ کارڈ، فلمی ہیروئنوں کی تصاویر اور محبوباؤں کے خطوط ہوتے ہیں۔

آج کل جیبوں میں بینکوں کے کریڈٹ کارڈ رکھنا "اسٹیٹس سمبل" بن گیا ہے۔ ایک کریڈٹ کارڈ، ایک موبائل فون اور ایک نئے ماڈل کی کار دکھا کر آپ پاکستان میں سینکڑوں لڑکیوں کو اپنا گرویدہ بنا سکتے ہیں۔

دنیا کی سب سے بد نصیب جیب شاعروں کی ہوتی ہے جس میں سوائے غزلوں اور نظموں کے کچھ نہیں ہوتا۔ یہی وجہ ہے کہ شاعروں کی بیویاں جیبوں کی تلاشی لیے بغیر کپڑے لانڈری بھجوا دیتی ہیں۔ یوں شاعروں کے دوستوں پر احسان عظیم کرتی ہیں۔ اگر دھوبی نہ ہوتے تو آج دنیا میں شاعری کا ذخیرہ دگنا ہوتا۔

آج کل جیبوں میں پستول بھی ملتی ہے۔ آپ اپنے سامنے ہاتھ پھیلائے ہوئے اس "فقیر" کو سب کچھ دینے پر راضی ہو جائیں گے جس کی جیب بالکل خالی ہو سوائے ایک بھرے ہوئے ریوالور کے۔ جیبوں میں سوراخ ہو جائے تو اکثر چیزوں کا سراغ نہیں ملتا۔ ہم بچپن میں چونی کی ٹافی کھا کر اپنی جیب میں سوراخ کر دیا کرتے تھے۔ اس طرح والدہ

مطمئن ہو جاتی تھیں کہ چونی ہی گری ہے بچے کا اخلاق نہیں۔

دنیا میں جیب کاٹنے کا کام صرف دو افراد کرتے ہیں۔ جیب کترے یا پھر درزی۔ پہلے کو جیب کاٹنے پر سزا اور دوسرے کو جزا ملتی ہے۔ وہ لوگ خوش نصیب ہوتے ہیں جو زندگی میں صرف درزی سے جیب کٹواتے ہیں۔

حیرت انگیز بات یہ ہے کہ عورتوں کے لباس جیب سے یکسر محروم رہتے ہیں۔ عورت کی فطرت، کردار اور تنخواہ کا اندازہ اس کے پرس سے لگایا جاسکتا ہے۔ جسے وہ اپنے بچے کے بعد سب سے زیادہ سینے یا گود سے چمٹائے رکھتی ہے۔ کسی مرد کا خط یا عورت کا پرس کھولنا معیوب بات سمجھی جاتی ہے۔ مگر یہ معیوب حرکت کرنے والے جانتے ہیں کہ اس میں مزہ بھی کتنا ملتا ہے۔

کینیڈا میں گھر سے باہر نکلنے کے لئے جیب ہی کافی نہیں ہوتی۔ یہاں جیب صرف ایک پھولے ہوئے پرس سے بھر جاتی ہے۔ جس میں کریڈٹ کارڈز ہوتے ہیں۔ یہاں انسان کی شناخت اس کارڈ سے ہوتی ہے۔ جیب کے علاوہ یہاں ہر ہاتھ میں ایک بیگ ہوتا ہے جس میں اس کے "جملہ حقوق" ٹھونسے ہوئے ہوتے ہیں۔ انسان گھومنے جا رہا ہو یا جاب پر، اس بیگ کا ساتھ ضروری ہوتا ہے۔

جیب انسان کی انٹرنیشنل ضرورت ہے۔ دنیا کے کسی خطے کا انسان جیب کے بغیر مکمل نہیں رہتا۔ ضرورت کی روح اس کی "جیب" ہے۔ جیب نہیں تو ہم اور آپ کچھ نہیں۔ کیا پتہ قیامت کے روزنامہ اعمال بھی جیب سے برآمد ہو۔

***

# ملاقات ایک لگڑ بگھے سے

## نصرت ظہیر

یہ بات برسوں پہلے تب کی ہے جب سارے اخبار، شمال مشرقی اتّر پردیش میں لکڑ بھگّوں کی خونریزی سے متعلق خبروں سے بھرے ہوئے تھے۔ نامہ نگاروں کا کہنا تھا کہ لگ بھگ پانچ سو دیہات پر لکڑ بھگوں کی حکمرانی چل رہی ہے اور اب تک وہ سیکڑوں بچّے کھا گئے ہیں۔

اُن ہی دنوں شہر کی ایک ویران سڑک سے گزر رہا تھا کہ راہ میں ایک لکڑ بھگے سے ملاقات ہوگئی۔ میں نے سوچا فرسٹ ہینڈ جانکاری کے لئے اس سے اچھا موقع نہیں مل سکتا۔ چنانچہ کیوں نہ لکڑ بھگے سے انٹرویو کر لیا جائے۔ ویسے بھی میں سیاست دانوں کے انٹرویو کر کر کے تنگ آچکا تھا۔۔۔ تو جسٹ فار اے چینج، کسی لیڈر کی بجائے لکڑ بھگّا ہی سہی۔ علیک سلیک کے بعد میں نے پوچھا، "میاں جی یہ کیا چکّر ہے؟ آج کل یوپی کے عوام پولیس اور لیڈروں کی بجائے تم لوگوں سے خوف کھانے لگے ہیں اور کہتے ہیں کہ شمالی یوپی کے پانچ سو دیہات میں آج کل تمہاری حکومت چل رہی ہے اور وہ بھی کسی قسم کا چناؤ لڑے بغیر۔۔۔"

لکڑ بھگے نے پہلے تو کھنکار کر گلا صاف کیا، پھر بولا۔ "کیا عرض کروں بھائی جان، یہ سب گوش گزار ہونے کے بعد سے میں خود اس درجہ متحیر ہوں کہ اکثر متزلزل و

متذبذب رہتا ہوں، بلکہ ایک دفعہ تو میں اس قدر متعجب ہوا کہ متوحش ہونے کی نوبت آگئی۔ خدا خیر کرے۔" میں سمجھ گیا۔ لکڑ بھگا یقیناً لسانیات میں دخل رکھتا تھا، چنانچہ میں نے موقع غنیمت جانا اور اپنی ایک لسانی الجھن دور کرنے کے لئے اس سے پوچھا۔ "باقی باتیں تو بعد میں ہوں گی لکڑ بھگے بھائی! پہلے یہ بتاؤ کہ تمہارا اصلی نام کیا ہے۔ لکڑ بھگا، لکڑ بگا، یا لکڑ بگھا؟"

یہ سن کر لکڑ بھگا پہلے متغیّر پھر متفکر اور بعد ازاں متشکک ہوا۔ بالآخر متبسم ہو کر بولا۔ "مجھے معلوم نہیں تھا کہ ہم جیسے ادنیٰ جانوروں کی وجہ سے آپ اس قسم کی لسّانی الجھنوں میں مبتلا ہو سکتے ہیں۔ خیر۔۔۔ بات یہ ہے کہ پہلے ہم لکڑ بھگے یا لکڑ بگھے ہی ہوا کرتے تھے۔ مگر امتداد زمانہ سے گھستے گھستے لکڑ بگے رہ گئے۔ ویسے آپ چاہیں تو ہمیں لکڑ بگڑ بھی کہہ سکتے ہو۔ اہلِ فارس نے تو ہمیں چرخ کا نام دے ڈالا، جس کی وجہ سے ہند کے تمام شاعر بنا ہاتھ دھوئے ہمارے پیچھے پڑ گئے۔ چنانچہ ان چرب زبانوں نے چرخِ پیر، چرخِ زریں، چرخِ کبود اور چرخِ دولابی کی آڑ میں ہمارے فارسی نام کو اتنا بدنام کیا کہ اختر الایمان والحفیظ جالندھری۔۔۔""

یہ کیا ہوا؟" میں الجھ گیا۔

"میرا مطلب ہے الامان والحفیظ، مگر پلیز بیچ میں بات مت کاٹیے۔ میں کہہ رہا تھا کہ فارسی نام چرخ کی آڑ میں ہند کے شاعروں نے ہمیں بہت بدنام کیا ہے اور بڑے کوسنے دیئے ہیں۔ حالانکہ پن چکّی یا کنویں سے پانی نکالنے والے رہٹ کے پہیئے اور کمہار کے چاک کو بھی چرخ کہتے ہیں، مگر شاعروں نے ان پر کبھی کوئی شعر نہیں کہا۔ یہاں تک کہ مولوی اسماعیل میرٹھی نے بھی صرف اتنا کہا کہ:

نہر پر چل رہی ہے پن چکی

دھن کی پوری ہے کام کی پکّی

رہٹ کی طرف مولوی صاحب کا دھیان ہی نہیں گیا جبکہ گاؤں میں تو وہ سامنے کی چیز ہے۔ باقی شاعروں نے چرخ کا نام لے کر آسمان، گردوں اور فلکِ ناہنجار کو اتنا برا بھلا کہا ہے کہ کبھی کبھی پڑھنے والے کو شبہ ہو جاتا ہے کہ آسمان والا چرخ اتنا بد معاش کیسے ہو سکتا ہے! کہیں شاعر کا روئے سخن لگڑ بگڑ کی طرف تو نہیں۔ چنانچہ شعر ہے:

آہِ سوزاں کی ہوائی نہ گئی تا بہ فلک

چرخ چرخی کی طرح سے شرر افشاں نہ ہوا

ملاحظہ کیا آپ نے؟ یعنی جب محض چرخ سے شاعر کی تسلی نہ ہوئی تو اس نے ہماری بہو بیٹیوں کو نشانہ بنالیا۔ اور چرخی سے اس کی مشابہت و تسامح کا امکان پیدا کر دیا۔ وہ تو شکر ہے کہ اول الذکر شرر افشاں نہ ہوا، ورنہ موخر الذکر تو کہیں کی نہ رہتی اور چرخ کی وجہ سے ہماری چرخی خواہ مخواہ بدنام ہو جاتی۔"

لکڑ بھگے کی محققانہ تقریر سے میں اس درجہ مرعوب ہوا کہ اپنا اگلا سوال ہی بھول گیا۔ پھر بھی بات آگے بڑھانے کی غرض سے میں نے کہا۔"اس کا مطلب یہ ہے کہ تم اردو شاعروں کا انتقام شمال مشرقی اتر پردیش کے عوام سے لے رہے ہو؟"

میری بات سے غالباً اسے گہرا صدمہ پہنچا۔ اس کے چہرے پر کرب کے آثار نمایاں ہوگئے۔ تاہم دیکھنے میں وہ اب بھی لگڑ بگڑ ہی لگتا تھا۔ اداس لہجے میں کہنے لگا۔"معاف کرنا میرے عزیز! انتقام کی بات کہہ کر آپ نے مجھ پر اور میری قوم پر انسانیت کا جو سنگین الزام لگایا ہے، وہ کسی تازیانہ سے کم نہیں۔ آہ!

یہ کہہ کر اس نے گردن جھکا لی اور مجھے ایسا لگا جیسے وہ اپنے جذبات پر قابو پانے کی کوشش کر رہا تھا۔ بہر حال اس نے گردن اٹھائی اور کہنے لگا۔"کسی کا بدلہ کسی اور سے لینا

ہمارا شیوہ نہیں عزیزِ من! ہم بفضلِ خدا حیوان ہیں اور ہمیشہ حیوانی جذبہ اور حیوانی ہمدردی سے کام لیتے ہیں۔ حیوانی حقوق کا ہم جانور پورا احترام کرتے ہیں اور ہم میں سے کوئی بھی ایسا نہیں ہے جو حیوانی حقوق کی خلاف ورزی کرتا ہو۔ جب کہ آپ انسان حضرات، معاف کیجئے:

ہے ادب شرط منھ نہ کھلوائیں!" میں واقعی شرمندہ ہو گیا،

مگر دوسرے ہی لمحے میری انسانی غیرت و حمیت جاگ اٹھی جو ہم میں سے کئی کی جاگ اٹھتی ہے۔ میں نے کہا۔ "تو تمہارا کیا خیال ہے۔ یو پی کے دیہات میں جو دہشت تم لوگوں کی وجہ سے پھیلی ہوئی ہے کیا اس کے لئے دیہات والے خود ذمہ دار ہیں؟ اپنے بچوں کو وہ خود ہی اٹھا کر لے جاتے ہیں۔"

"میں اس بارے میں کیا کہہ سکتا ہوں۔" لکڑ بھگے نے یہ کہہ کر پھر سر جھکا لیا۔

"تم نہیں تو تمہارے بھائی بند ہوں گے۔ ہو سکتا ہے یہ بھیڑیوں کی کرتوت ہو۔ آخر بھیڑیئے بھی تو تمہاری حیوان برادری سے ہی تعلق رکھتے ہیں۔"

میرے طنز سے وہ بے چین ہو گیا۔ سر اٹھا کر کہنے لگا۔ "میں نے چچا بھیڑیا سے پوچھا تھا۔ وہ خود حیران تھے کہ آخر یہ سب کون کر رہا ہے۔ پھر میں نے خالہ لومڑی اور تایا تیندوے سے بھی دریافت کیا، مگر انہوں نے بھی لاعلمی ظاہر کی۔ شاید آپ کو معلوم نہیں کہ ہمارا قانون ہے آدمی کا گوشت نہیں کھاتے۔ ہمارے مذہب میں یہ حرام ہے، جو بھی جانور آدمی کا گوشت کھا لیتا ہے ہم اسے برادری سے باہر کر دیتے ہیں۔ اس کا حقہ پانی بند کر دیا جاتا ہے۔"

سلسلہ کلام جاری رکھتے ہوئے لکڑ بھگا بولا۔ "غالباً رڈیارڈ کپلنگ کی مشہور کتاب 'دی جنگل بک' آپ کے مطالعے سے نہیں گزری۔ پڑھی تو خیر میں نے بھی نہیں کیونکہ ہم تو

ہیں ہی حیوان۔ اس ڈر سے زیادہ علم نہیں سیکھتے کہ کہیں ہم میں انسانوں جیسی خصلتیں نہ پیدا ہو جائیں۔

بہر کیف اس کتاب پر بنائی گئی ایک فلم ایک فاریسٹ آفیسر کے ٹیلی ویژن پر چھپ کر دیکھنے کا اتفاق ہوا تھا دیکھ کر اچھا لگا۔ لائق مصنف نے دیکھا تو ہمیں اسی انسانی نظر سے ہے، جس سے ہم حیوان دن رات خوف کھاتے ہیں، مگر معلوم ہوتا ہے اس کے انسانی دل میں ایک سچا حیوانی دل بھی چھپا ہوا ہے۔ کئی واقعات تو مصنف نے مصوّرِ غم حضرت علامہ راشد الخیری کی طرح اس قدر دل نشیں اور جذباتی پیرائے میں بیان کئے ہیں کہ میری آنکھوں میں آنسو آگئے اور میں سوچنے لگا:

اب بھی کچھ لوگ ہیں زمانے میں ورنہ
پیدا کہاں ہیں ایسے پراگندہ طبع لوگ

نیز یہ کہ:

بس کہ دشوار ہے ہر کام کا آساں ہونا
آدمی کو بھی میسر نہیں حیواں ہونا"

غالب کے شعر میں جو طنزیہ ترمیم اس نے کی تھی، اس نے مجھے خاصا مضطرب کر دیا۔ پوچھا۔ "آخر تم انسانوں سے اتنے دل برداشتہ کیوں ہو؟ ہم انسانوں نے تو ان تمام جانوروں کے شکار پر پابندی بھی لگا دی ہے، جو Endangered Species یعنی نایاب مخلوقات کے ضمن میں آتے ہیں اور جن کی تعداد اس درجہ گھٹ گئی ہے کہ ان کے ناپید ہو جانے کا خطرہ پیدا ہو گیا ہے اور ان میں تم بھی شامل ہو۔ اس کے باوجود تم انسانوں پر مسلسل تبرّا پڑھے جا رہے ہو، اس کی کیا وجہ ہو سکتی ہے۔"

"وجہ تو میں بیان کر دوں گا بھائی جان، مگر آپ سے سنی نہیں جائے گی۔" ایسا لگا

جیسے وہ مجھے چیلنج کر رہا ہو۔

"نہیں نہیں تم بے جھجک کہو۔ انسان سے بڑھ کر کوئی وسیع النظر، وسیع القلب اس روئے زمیں پر نہیں۔ تمہارے جو جی میں آئے کہو۔ میں برا نہیں مانوں گا۔"

"تو سنئے۔" اس نے مقررین کی طرح کھنکھار کر کہا: "انسان سے زیادہ تنگ نظر، تنگ دل اور متعصب اس کُرہِ ارض پر کوئی نہیں ہے۔ اپنے سوا ہر شئے کو معمولی اور ہر ذی روح کو حقیر سمجھتا ہے۔ زمین، آسمان، ہوا، پانی سب پر اپنی حکومت چاہتا ہے۔ اپنے عمل میں قدرت کا کوئی دخل اسے قبول نہیں، مگر خود کو قدرت کے ہر کام میں دخل دینے کا مجاز مانتا ہے۔ اینڈ ینجرڈ اسپیسیز کی بات بھی آپ نے خوب کہی، لیکن شاید اس پر آپ نے غور نہیں کیا کہ آپ انسانوں کا ہر معاملے میں ڈبل اسٹینڈرڈ ہے۔ کہتے کچھ ہیں کرتے کچھ ہیں۔ برسوں پہلے آپ نے شیروں کی آبادی کو بڑھانے کے لئے آپریشن ٹائیگر شروع کیا تھا۔ کروڑوں روپے اس کے نام پر دنیا بھر سے لے کر خرچ کئے، مگر نتیجہ کیا نکلا؟ شیروں کی تعداد اور گھٹ گئی۔ ایک حیوانی نسل کو بچانے کے لئے جو رقم ملی تھی، اسے نسلِ انسانی خود ڈکار گئی اور شیروں کی بجائے اپنی آبادی بڑھالی۔

کسی ترقی پسند افسانے کے کردار جیسی تقریر کرنے کے بعد لگڑ بگڑ سانس لینے کے لئے رکا اور آسمان کی طرف تھوتھنی اٹھا کر اس نے ایک عجیب سی آواز نکالی جو انسانی ہنسی سے مشابہ تھی، لیکن میں یہ نہ سمجھ سکا کہ یہ حیوانی ہنسی طنزیہ تھی یا محض اظہارِ غم کیا گیا تھا۔ کیونکہ بہت زیادہ رونے کو جی چاہے تب بھی آدمی کے منہ سے ایسی ہی آواز نکل جایا کرتی ہے۔

وہ میری آنکھوں میں آنکھیں ڈال کر بولا۔ "معاف کرنا! میں آپ کا دل دکھانا نہیں چاہتا، مگر حقیقت یہی ہے۔ انسان خود کو حیوانِ ناطق کہہ کر اتراتا ہے اور حیوانوں کو ہی

گالی بنا دیتا ہے۔ کوئی آدمی بے وقوفی کی حرکت کرے تو اسے الّو اور گدھا کہہ کر ڈانٹتا ہے، جو دوسروں پر ظلم ڈھائے اسے بھیڑیا کہہ دے گا۔ جس کا کوئی دین ایمان نہ ہو، دن رات دوغلا پن کرتا ہو وہ گرگٹ کہلائے گا۔ جو بے وفا ہو اور ذرا سی دیر میں آنکھیں پھیر لیتا ہو، وہ طوطا چشم ہو جائے گا، جو کمینہ ہو اسے سور کہہ دیا جائے گا۔ انسان اپنی تمام بری عادتیں اور خصلتیں ہم جانوروں پر تھوپ دیتا ہے۔ ورنہ آپ ہی بتائیے، کیا آپ نے کبھی الّو کو بے وقوفی اور گدھے کو بکواس کرتے دیکھا ہے۔ کوئی ایسا بھیڑیا آپ کی نظر سے گزرا ہے، جو دوسرے بھیڑیوں پر ظلم ڈھاتا پھر رہا ہو۔ کوئی گرگٹ دیکھا ہے، جو بے ایمان ہو اور قول دے کر پھر جاتا ہو۔ کوئی ایسا طوطا آپ کو ملا ہے، جس نے کسی طوطے کے ساتھ طوطا چشمی کی ہو۔ کوئی ایسا سور آپ مجھے دکھلا سکتے ہیں، جو بے حد کمینہ ہو۔ حقیقت یہ ہے کہ اپنے ہر عیب کو آدمی جانور کا جامہ پہنا کر خوش ہو لیتا ہے۔ اس کی ہر بات میں حیوان گھسے رہتے ہیں۔ کوئی شخص آزادروی کا قائل ہو تو اسے شتر بے مہار کہہ دیں گے۔ کسی شاعر کی غزل کے شعر میں فاعل یا مفعول سے تخاطب کے صیغے مختلف ہوں تو کہہ دیں گے کہ اس میں شتر گربہ ہے اور محاورے دیکھئے تو عجیب احمقانہ تصور پیش کرتے ہیں۔ کوئی حیران پریشان ہو جائے تو کہیں گے، ہاتھوں کے طوطے اڑ گئے۔ کیوں صاحب۔۔۔، یہ ہاتھوں کے طوطے کیا چیز ہوئی؟ کیا پیروں کے طوطے نہیں ہوتے، معاف کیجئے نہیں ہوتے۔ افسوس آپ لوگوں میں طوطے کے املا پر بھی اتفاق نہیں۔"

لگڑ بگڑ کی رگِ لسانیات پھر پھڑک گئی۔"۔۔۔

اب دیکھ لیجئے، کوئی توتا لکھتا ہے کوئی طوطا، بلکہ بعض لوگوں کو تو میں نے طوتا اور توطا لکھتے ہوئے بھی سنا ہے۔ اسی طرح کہتے ہیں کہ چور کو پڑ گئے مور۔ اب جناب کہاں چور اور کہاں مور۔ دونوں میں سوائے ہم قافیہ ہونے کے کوئی مسابقت و مطابقت نہیں۔ چور

کے گھر چوری ہو جائے تو کہنا چاہئے چور کو پڑ گئے چور، مگر نہیں۔ جانوروں کو ذلیل کرنا جو ٹھہرا۔ لہٰذا دوسرے چور کی جگہ بے چارے مور کو پکڑ لائیں گے، جو اتنا شریف النفس اور منکسر المزاج پرندہ ہے کہ پرندہ ہو کر بھی ہوا میں نہیں اڑتا۔ ساری زندگی کسی قسم کا تکبّر کئے بغیر عاجزی کے ساتھ چرندوں کی مانند زمین پر گزار دیتا ہے۔ ایسے حیوان سے آپ چوری کی توقّع کر سکتے ہیں؟ اور وہ بھی چور کے گھر میں۔ خود مور کو تو کئی لوگ چوری کر لیتے ہیں، لیکن مور نے آج تک یہ حرکت نہیں کی۔ دوسرے جانوروں کا بھی یہی حال ہے۔ کیا آپ نے کبھی کسی جانور کو کسی کی جیب کاٹتے، چوری کرتے، نقب لگاتے، ڈاکہ ڈالتے، اغوا کرتے یا زنا بالجبر کرتے دیکھا ہے؟ یہ بے چارے تو جعل سازی کرپشن اور اسکینڈل بھی نہیں کرتے۔ یہاں تک کہ کسی کو چرس یا اسمیک پیتے ہوئے بھی آج تک نہیں دیکھا گیا۔ آپ انسان حضرات کے ظلم سے تنگ آ کر کوئی جانور کسی انسان کو کاٹ کھائے تو دنیا بھر میں شور مچ جاتا ہے اور آپ لوگ جو لاکھوں جانور روزانہ کاٹ پیٹ کر کھا جاتے ہیں، اس کا کوئی حساب ہی نہیں۔ معاف کیجئے، آپ تو کیکڑے، مینڈک، چوہے اور سانپ تک نہیں چھوڑتے۔ انہیں بھی شوق سے چٹ کر جاتے ہیں اور ہم صبر سے سب کچھ دیکھتے رہتے ہیں۔

جناب اکبر الہ آبادی کیا خوب فرما گئے ہیں:

ہم آہ بھی کرتے ہیں تو ہو جاتے ہیں بدنام
وہ قتل بھی کرتے ہیں تو چرچا نہیں ہوتا"

یہ کہہ کر وہ میرے قریب آ گیا۔ پہلی بار میری آنکھوں میں آنکھیں ڈال کر بولا۔ "میرے عزیز۔ ہم حیوانوں کو انسانیت کا سبق نہ پڑھایئے۔ زندگی کا درس دوسروں سے لینا سیکھئے۔ کاش آپ انسانوں کے دلوں میں تھوڑا سا دماغ اور دماغ میں تھوڑا سا دل

ہوتا۔کاش قدرت نے آپ کو تھوڑی سی سچّی حیوانیت دے دی ہوتی۔ خیر۔۔۔، اب اجازت ہوئے۔ مغرب کا وقت ہو اچاہتا ہے۔خدا حاف☆۔۔۔"

یہ کہہ کر وہ پلٹا اور واپس جنگل کی طرف چل دیا اور میں اُس ویران سڑک پر کھڑا رہ گیا، جس کے دونوں سرے انسانی بستیوں کی طرف جاتے تھے۔

***

# محترم گدھے صاحب

## پروفیسر شمیم علیم

جانوروں میں سب سے زیادہ عزت محترم گدھے کو ہی دی جاتی ہے۔ آپ کا بیٹا ہو یا آپ کی بیگم کا بھائی، دوست ہو یا دشمن، ڈاکٹر ہو یا انجینئر، چپراسی ہو یا منسٹر صبح سے شام تک آپ جس کا بھی قصیدہ پڑھتے یا ذکر کرتے ہیں اسے گدھے کے نام سے یاد کرتے ہیں ملاحظہ ہو:

خانصاحب اخبار پڑھتے ہی آگ بگولا ہو گئے اور چیخ کر انہوں نے بیوی سے کہا " دیکھا تمہارا گدھا (بیٹا) پھر فیل ہو گیا"۔

اس کے دوستوں کی شان میں بھی انہوں نے قصیدہ پڑھ دیا "گدھوں کے ساتھ رہے گا تو اور کیا ہو گا"۔ ہمارا مالی بہت ایماندار تھا۔ کبھی ایک پھل بھی توڑ کر نہیں کھاتا تھا۔ ایک دن اس نے جب ابّا جان کے سامنے آم لا کر رکھے تو چکھتے ہی ابّا جان برس پڑے "گدھے تجھے اتنے سال ہو گئے نوکری کرتے ہوئے کھٹے میٹھے کی تمیز نہیں"۔

دھوبی بے چارہ تو ہمیشہ ہی اس نام سے نوازا جاتا تھا۔ ارے گدھے تو نے میری نئی قمیض میں رنگ لگا دیا۔

جب آپ بغیر ٹکٹ کے سفر کر رہے ہوں اور ٹکٹ چیکر نے آپ سے ٹرین سے اتر جانے کو کہا ہو تب آپ دل ہی میں کہتے ہیں "گدھے کو اتنی عقل نہیں کہ میں چلتی ٹرین

سے کیسے اتروں گا"۔

ہمارا نوکر کریم تو روز ہی اس خطاب سے نوازا جاتا تھا "ارے گدھے سالن میں کتنا نمک بھر دیا۔ بی پی بڑھا دیا میرا" اور کبھی کہتے اتنے سال ہو گئے نوکری کرتے کرتے۔ پھر بھی گدھے کا گدھا ہی رہا۔ چائے بھی ٹھیک سے بنانا نہیں آتا"۔ جس نے ہمارا گھر بنایا تھا۔ اس انجینئر کی بھی شامت آجاتی تھی۔ کیا گھر بنایا گدھے نے جگہ جگہ سے پانی ٹپک رہا ہے۔ کبھی کبھی ڈاکٹروں کی بھی باری آجاتی ہے جب وہ برابر تشخیص نہ کر پائیں تو کہا جائے گا۔ آج کے ڈاکٹر بالکل گدھے ہیں۔ معمولی سی بیماری کا بھی علاج نہیں آتا"۔

سب سے بڑا گدھا تو منسٹر ہوتا ہے ہر وقت اس کی شان میں قصیدہ پڑھا جاتا ہے۔

"کیا چیف منسٹر ہے۔ بالکل گدھا ہے۔ پوری اسٹیٹ کو تباہ کر کے رکھ دیا"۔

ماتحتوں نے کام خراب کیا اور باس کا پارہ چڑھ جاتا ہے۔ "کیا گدھوں کا بازار ہے"۔

دیکھا آپ نے گدھا ہم پر کتنا حاوی ہے۔ اور دوسری بات یہ کہ یہ عزت صرف مذکر کو ہی بخشی جاتی ہے۔ مونث کو نہیں۔

یہاں بھی مذکر کا بول بالا ہے۔

ایک دن جنگل کے تمام جانوروں نے مل کر کانفرنس کی جس کی صدارت جنگل کے بادشاہ یعنیٰ حضرت شیر نے کی۔ یہ محفل سنجیدگی سے اس بات پر غور کر رہی تھی کہ آخر گدھے میں ایسی کونسی بات ہے جو فضیلت دی جاتی ہے۔

شیر نے کہا، میں اس جنگل کا بادشاہ ہوں۔ میری بہادری کا ڈنکا ساری دنیا میں ہے۔ لیکن پھر بھی انسان میری شان میں قصیدہ نہیں پڑھتا۔ بھولے بھٹکے کوئی ماں پیار سے اپنے بیٹے کو کہہ دیتی ہے کہ میرا بیٹا تو شیر ہے۔ اکثر و بیشتر نانی، دادی میرا نام لے کر بچوں کو ڈراتی ہیں۔ اکیلے باہر نہ جانا شیر کھا لے گا۔ نہ انسان میرا گوشت کھاتا ہے نہ چربی۔ حالانکہ

انسان نہ صرف جانور خور ہے بلکہ آدم خور بھی ہے۔ جانور تو جانور وہ سانپ، بچھو اور کیڑے مکوڑے بھی نہیں چھوڑتا۔۔۔

ہر جانور ایک کے بعد ایک آتا اور اپنے تاثرات بیان کرتا۔ لومڑی نے کہا میں تو اتنی چالاک ہوں کہ اچھے اچھوں کے کان کاٹ لیتی ہوں۔ لیکن انسان مجھ سے بھی زیادہ چالاک ہے اس لیے کبھی کبھار ہی مجھے یاد کرتا ہے۔

سب سے زیادہ غم تو مورنی کو تھا۔ اس نے اپنے پر پھیلا دیئے اور کہنے لگی، کیا مجھ سے زیادہ خوبصورت کوئی اور ہے۔؟ کیا مجھ سے اچھا ڈانس کوئی کر سکتا ہے؟ کوئی میری تعریف ہی نہیں کرتا۔ مادھوری ڈکشت، کرینہ کپور، اور کٹرینہ کیف کے ڈانس کی تعریف ہوتی ہے۔ مجھے کچرے کی کنڈی میں ڈال دیتے ہیں۔ جنگل میں مور ناچا کس نے دیکھا!

سارے جانور سر جوڑے بیٹھے تھے ایک معمر گدھا اٹھا۔ اس نے کہا، بھائیوں کیوں تم لوگ خواہ مخواہ پریشاں ہوتے ہو۔ میری مقبولیت کی وجہ یہ ہے کہ مجھ میں اور انسانوں میں بہت کم فرق ہے۔ میری کم عقلی، میری نادانی، میری نافہمی، سب بالکل عام انسانوں جیسی ہے۔ انسانوں کو اچھے برے کی تمیز کہاں؟ نہ ان کے پاس عقل ہے ورنہ وہ اپنے ہی پیروں پر کیوں کلہاڑی مارتے۔ کیوں اپنا گھر اپنا ملک آگ میں جھونکتے؟ لیکن ایک بات جو انسان کو ہم سے ممتاز کر دیتی ہے۔ ہم کبھی اپنے بھائی کو خون نہیں کر سکے۔ کسی گدھے نے دوسرے گدھے کی جان نہیں لی۔ لیکن انسان! ایک ہی جھٹکے میں ہزاروں انسانوں کو ختم کر دیتا ہے۔ اس کا غصّہ شیر سے بھی زیادہ خوفناک ہے۔ وہ غصے میں شہر کے شہر تباہ کر دیتا ہے۔ وہ انسانوں کے خون کا پیاسا ہو جاتا ہے۔ اس گدھے کو یہ نہیں معلوم کہ سب خون ایک جیسے ہی ہوتے ہیں وہ خون کو الگ الگ خانوں میں تقسیم کر کے ان پر لیبل لگا دیتا ہے۔ اور پھر اس خون سے ہولی کھیلتا ہے۔ مذہب، صوبہ، سرحد، پانی اور پتہ نہیں کتنے

عنوانوں سے انہیں تقسیم کرتا۔ اپنے ہی عورتوں کی عصمت ریزی کرتا ہے۔ اپنے ہی بچوں کو نیزے پر لٹکا دیتا ہے۔

پچھلے مہینے گدھوں کی انٹر نیشل کانفرنس نے یہ فیصلہ کیا ہے کہ انسانوں کی خدمت میں ایک درخواست پیش کی جائے کہ خدارا ہمیں اپنے صف میں کھینچ کر نہ لائیے۔ ہمیں دھوبی کا گدھا ہی رہنے دیجئے۔ ہم اپنی شکست مانتے ہیں آپ عظیم ہیں۔ آپ گدھوں کے سردار ہیں!

***